THIS BOOK BELONGS TO:

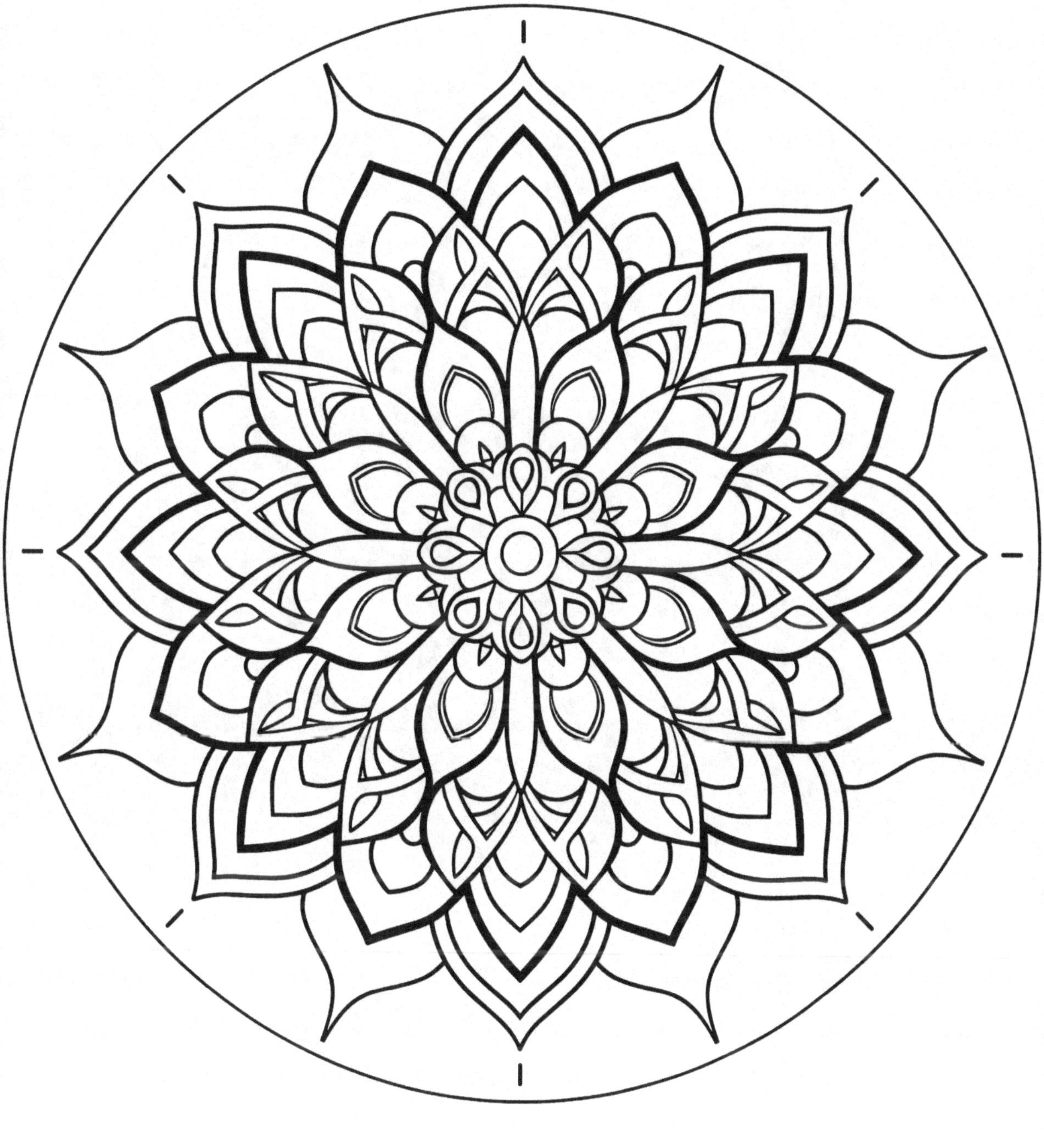

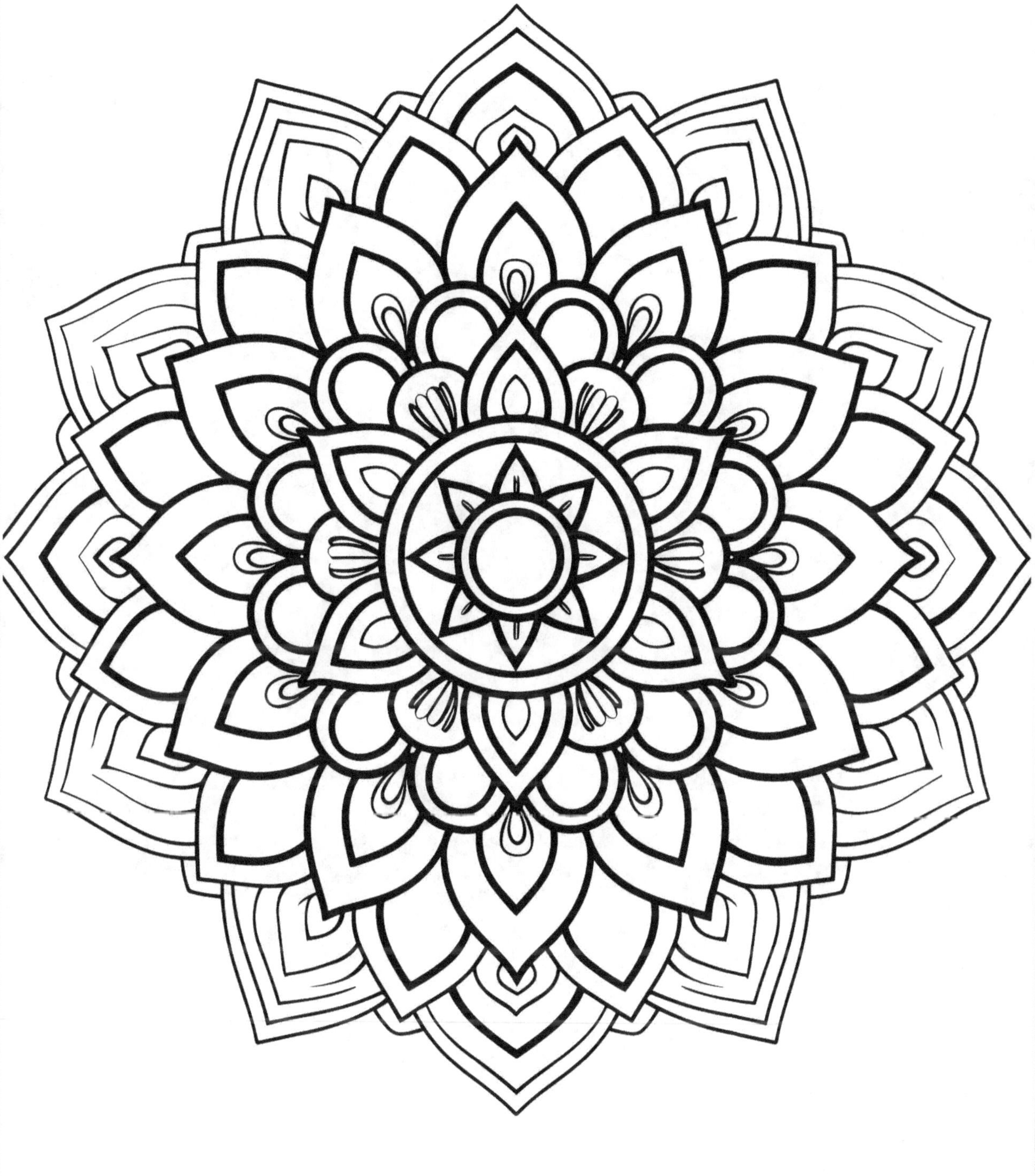

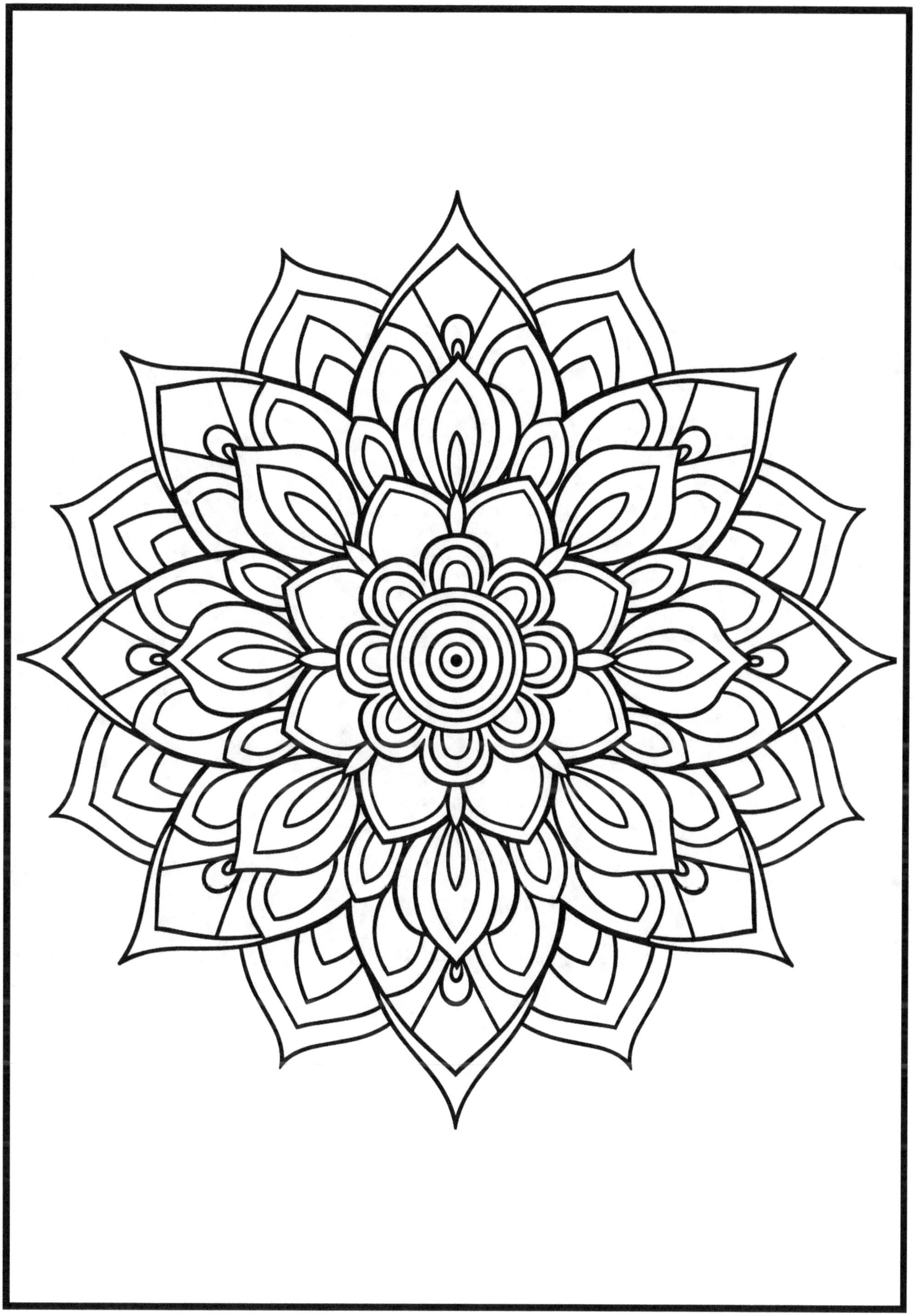

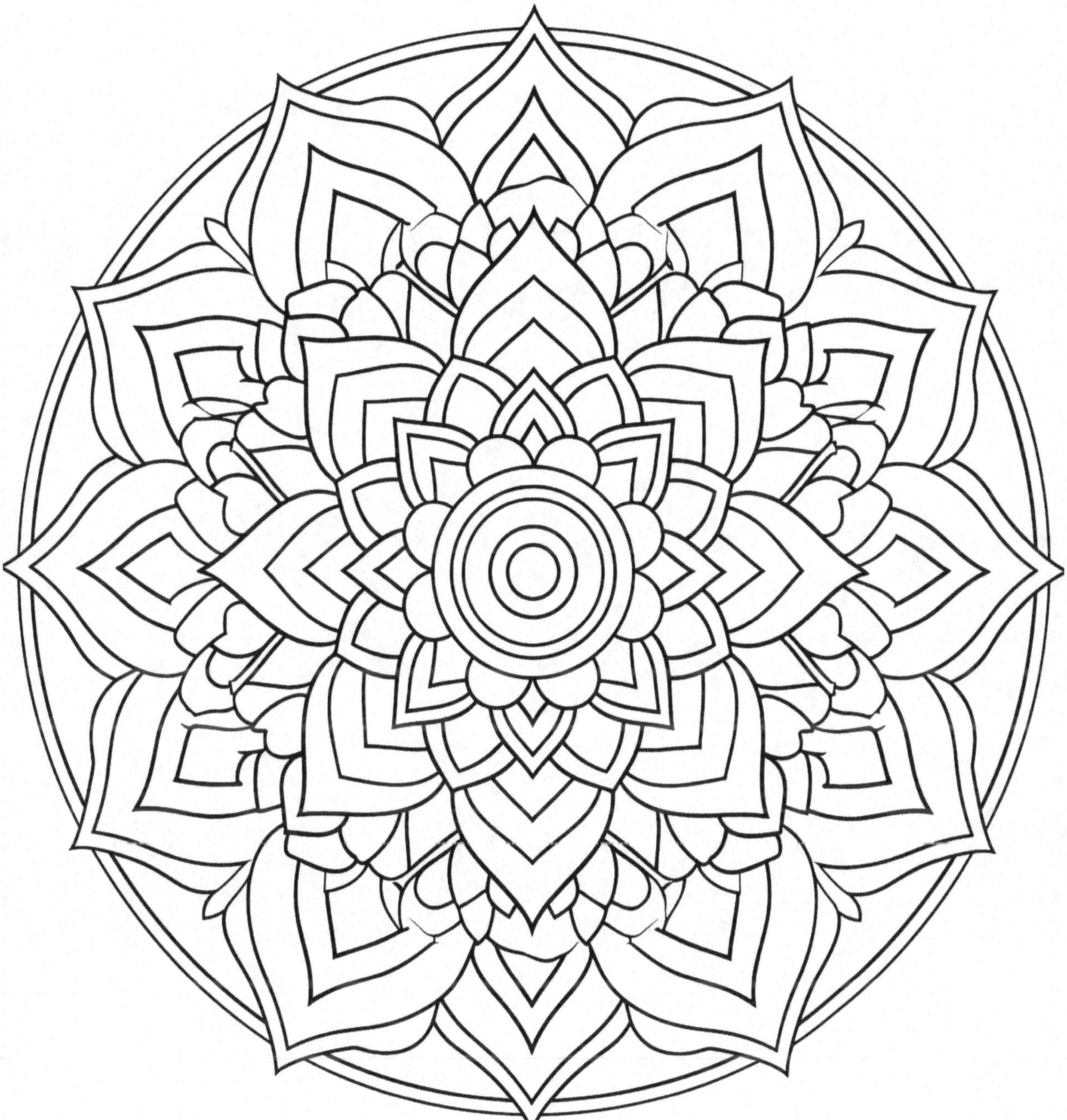

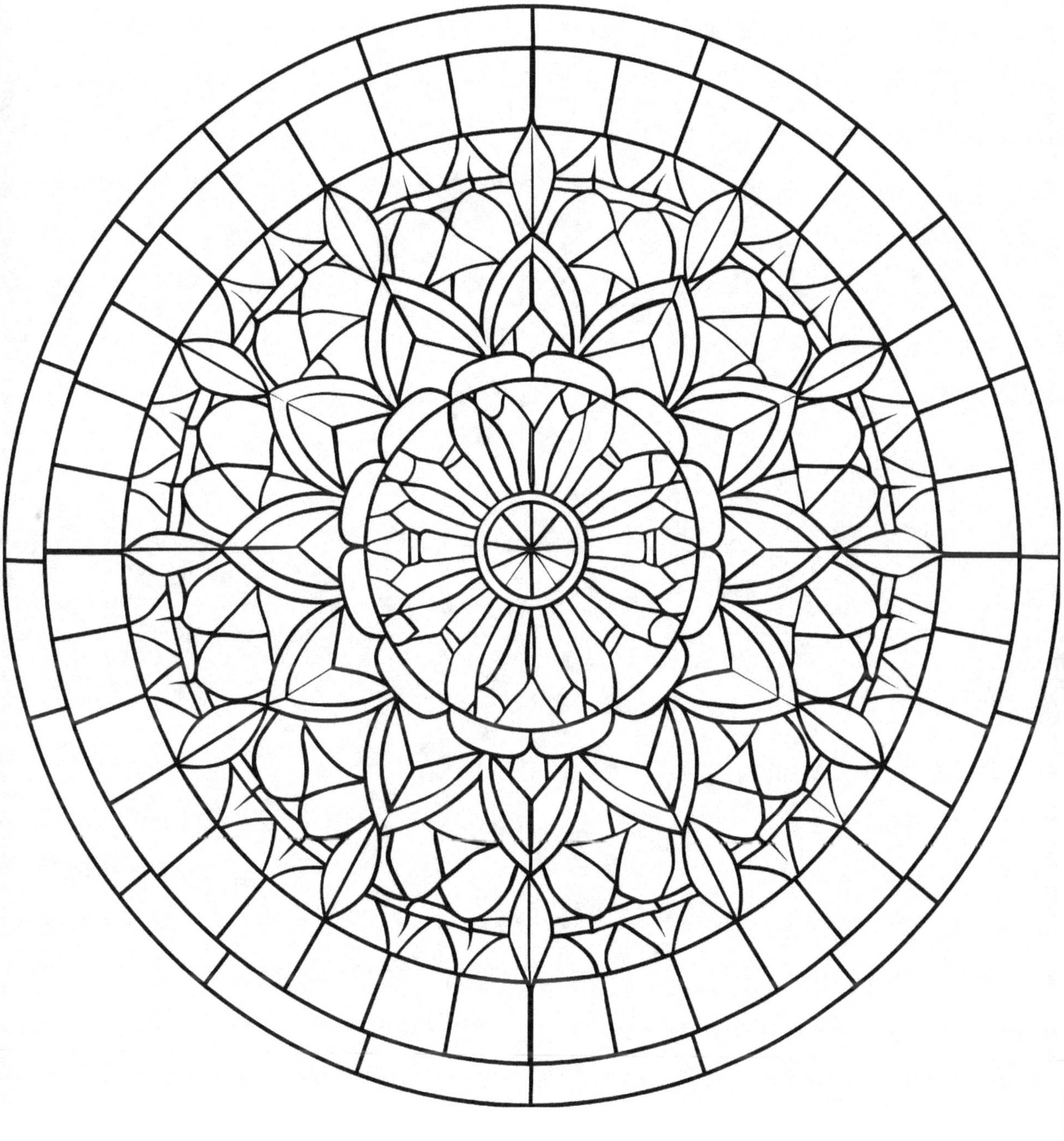

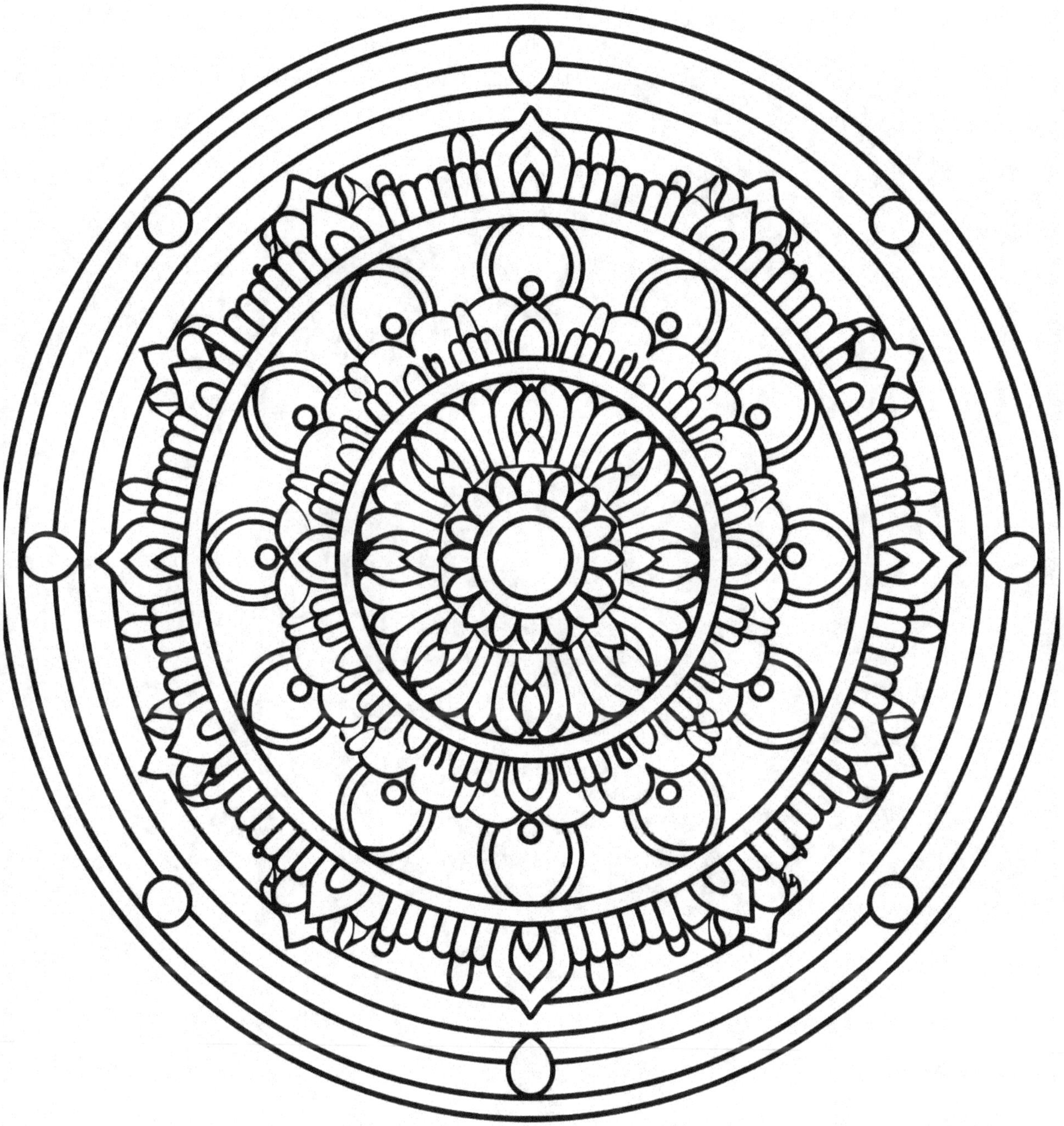

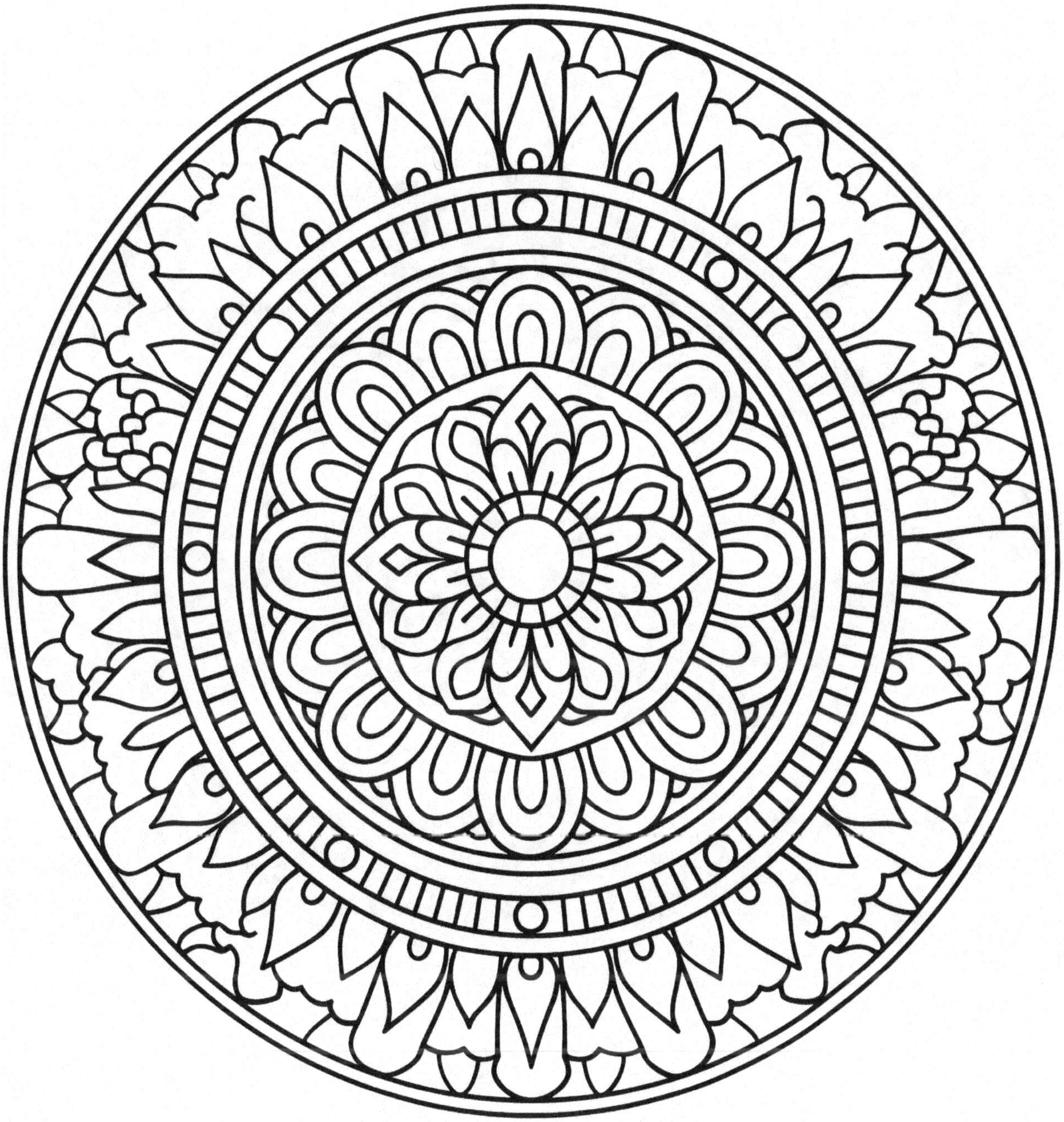

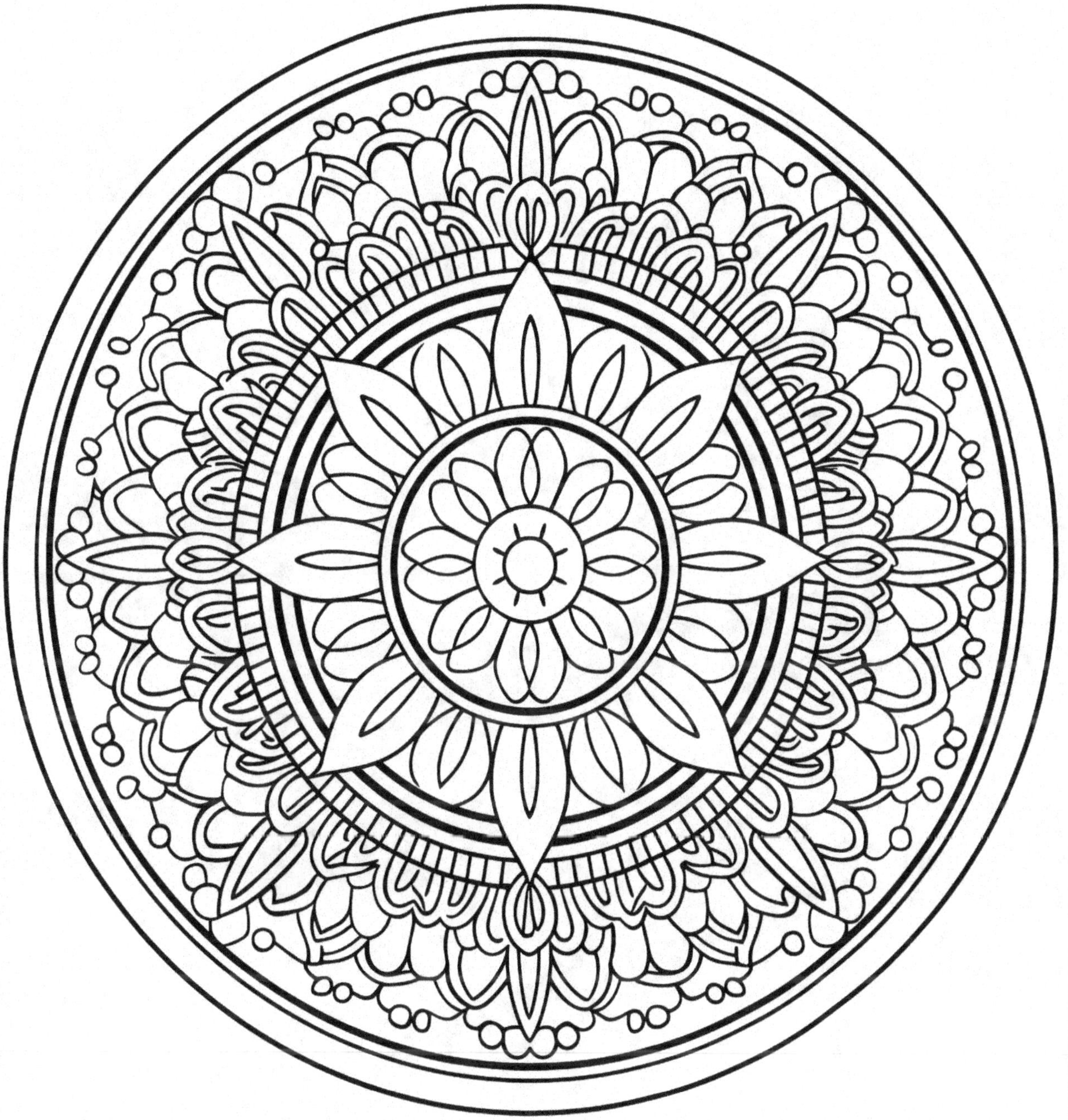

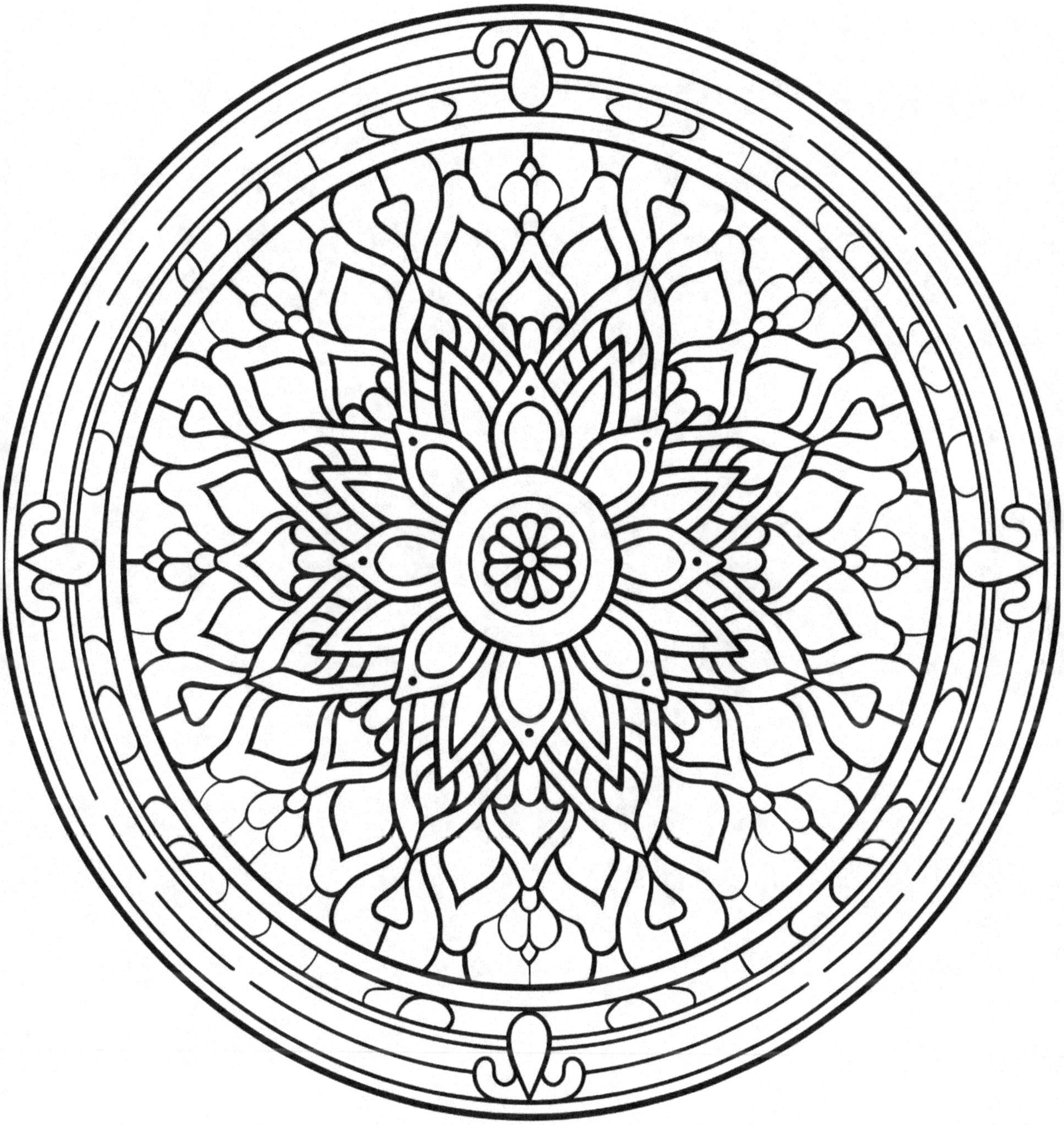

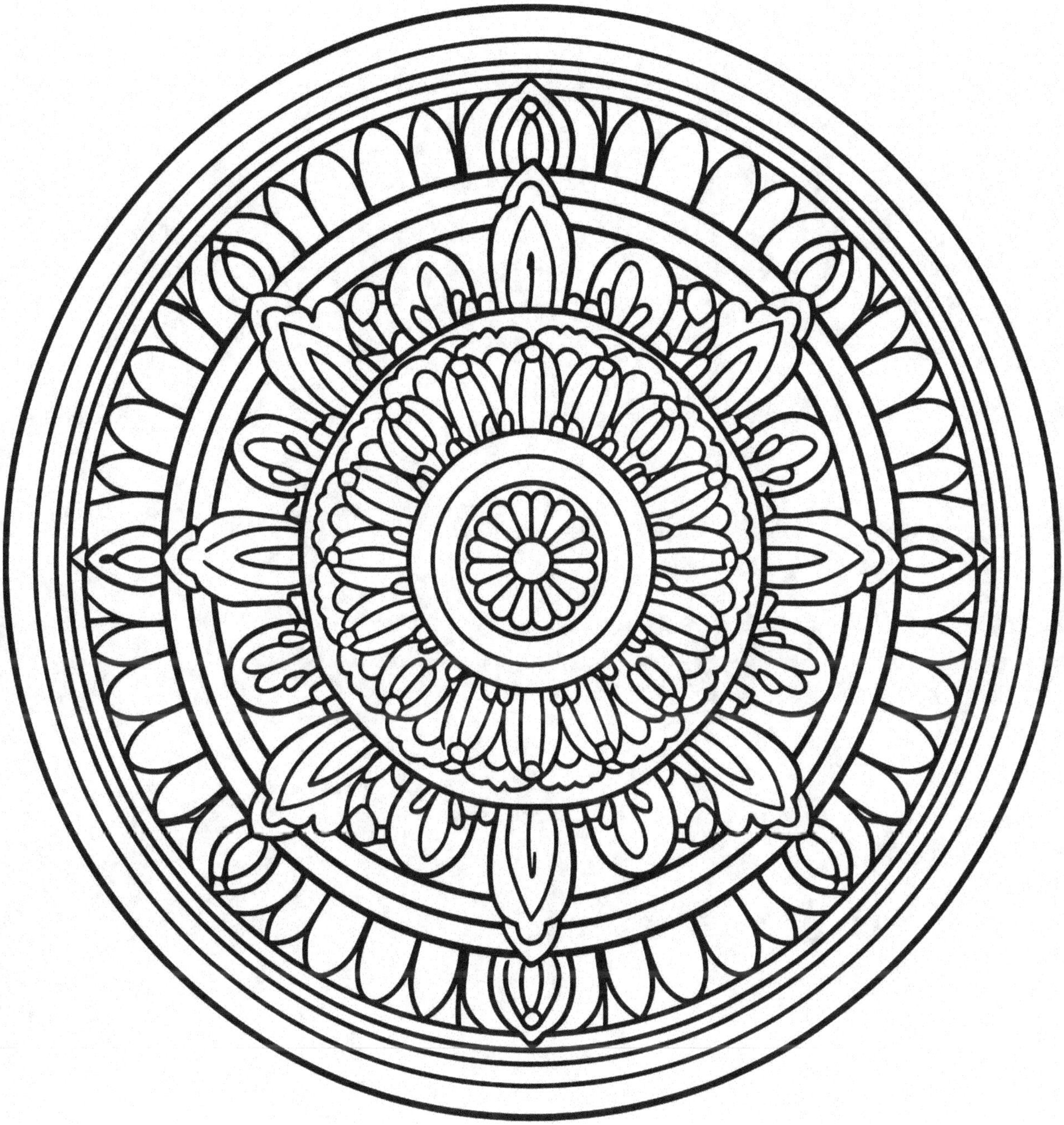

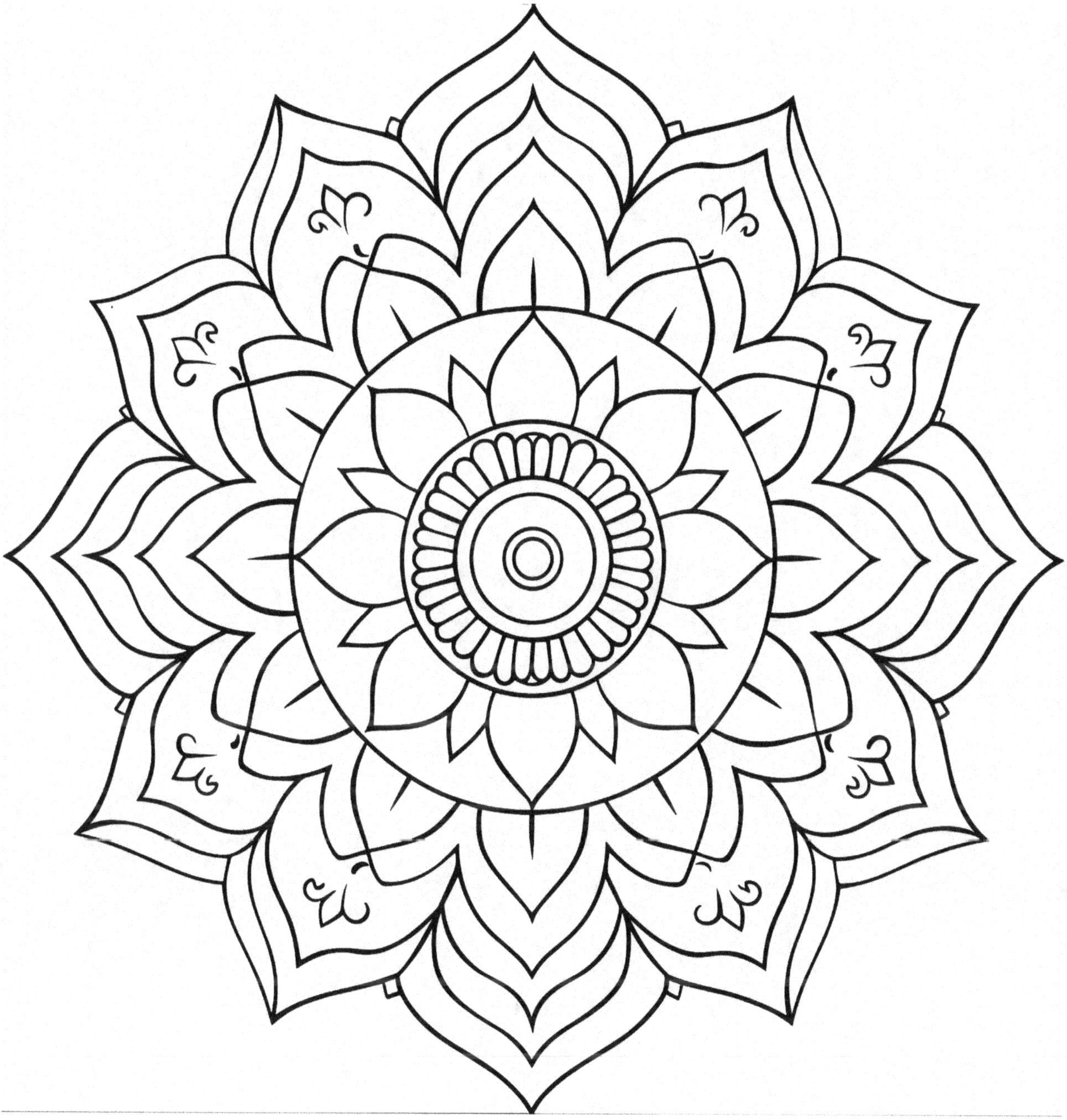

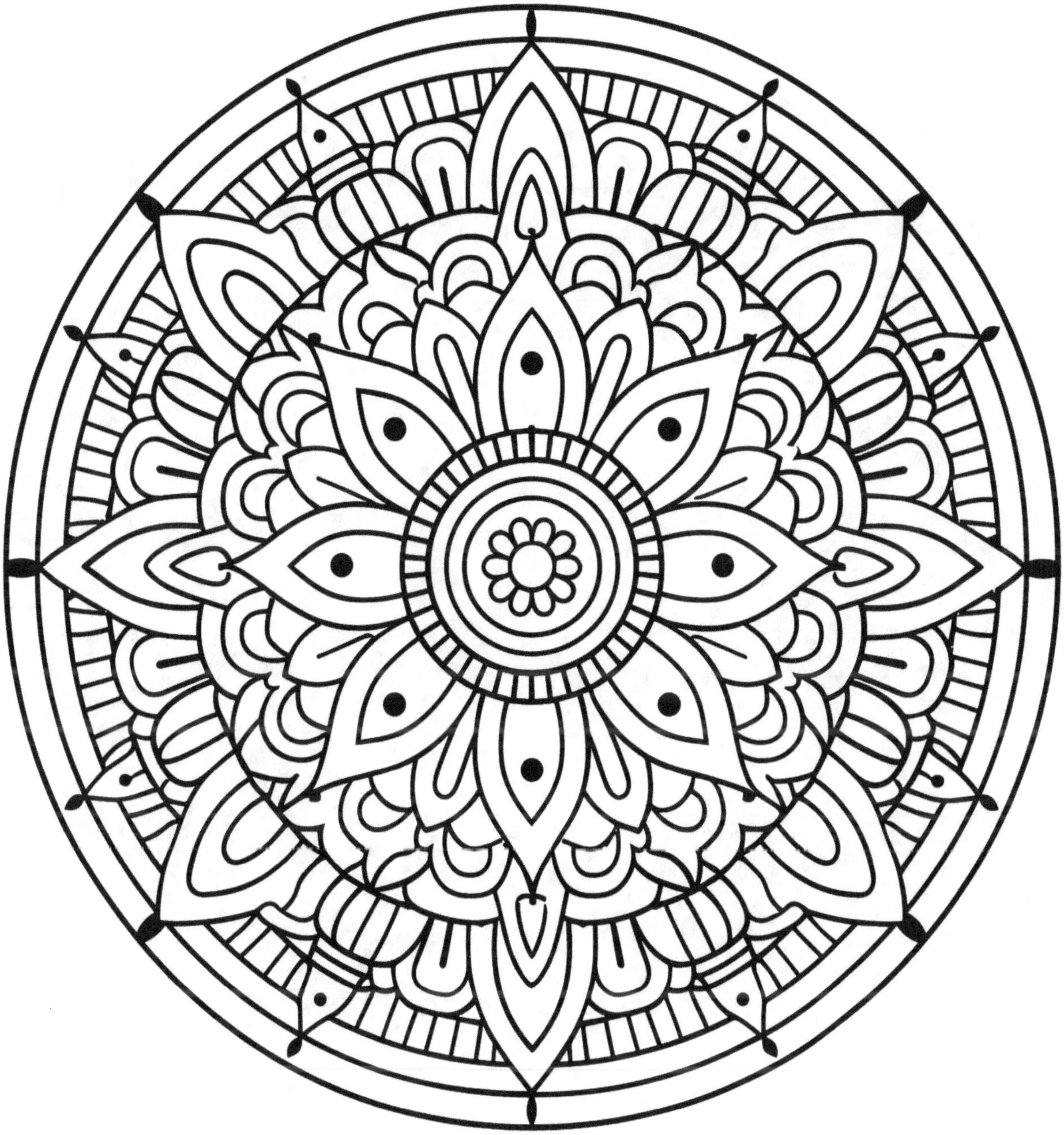

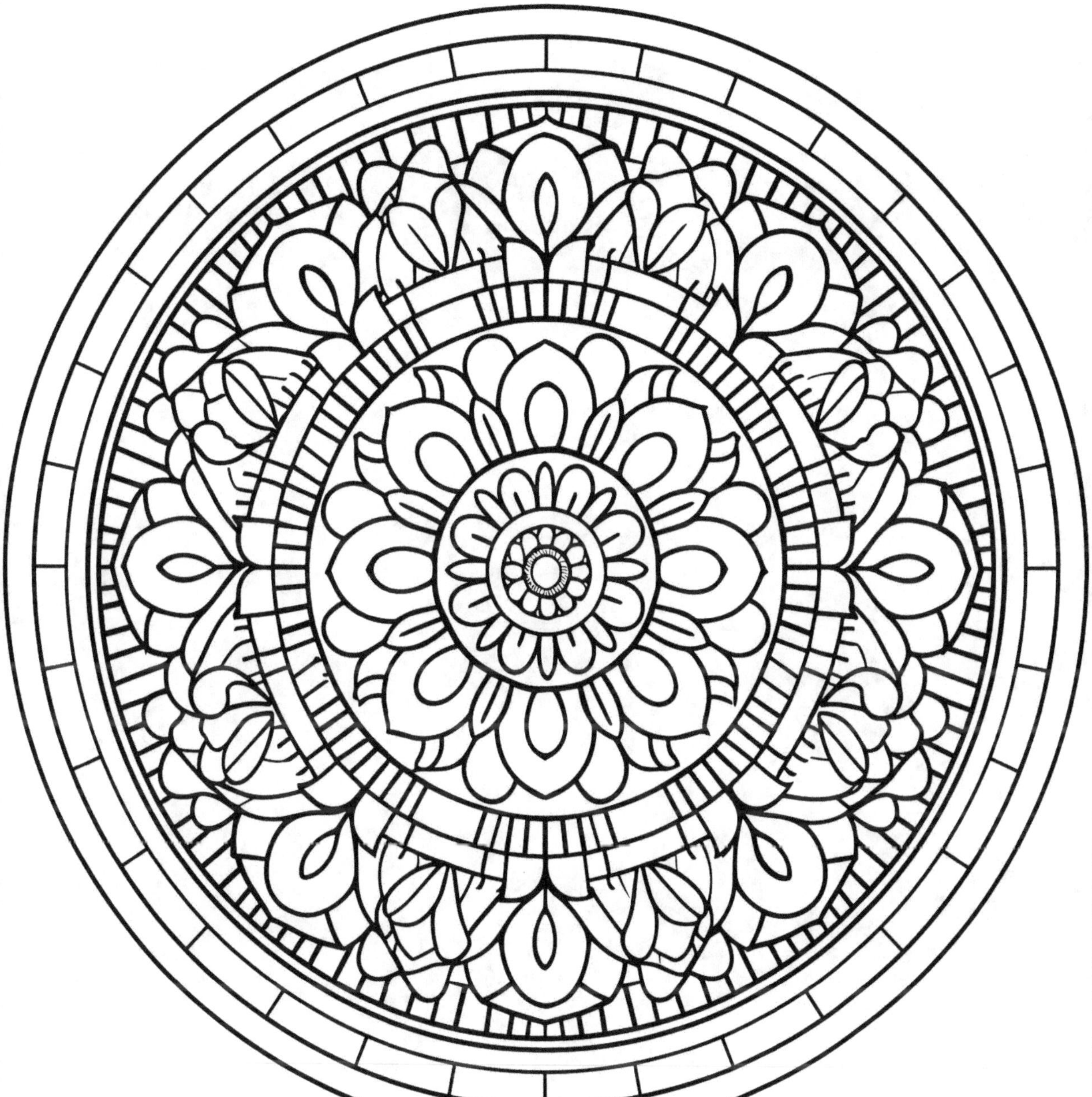

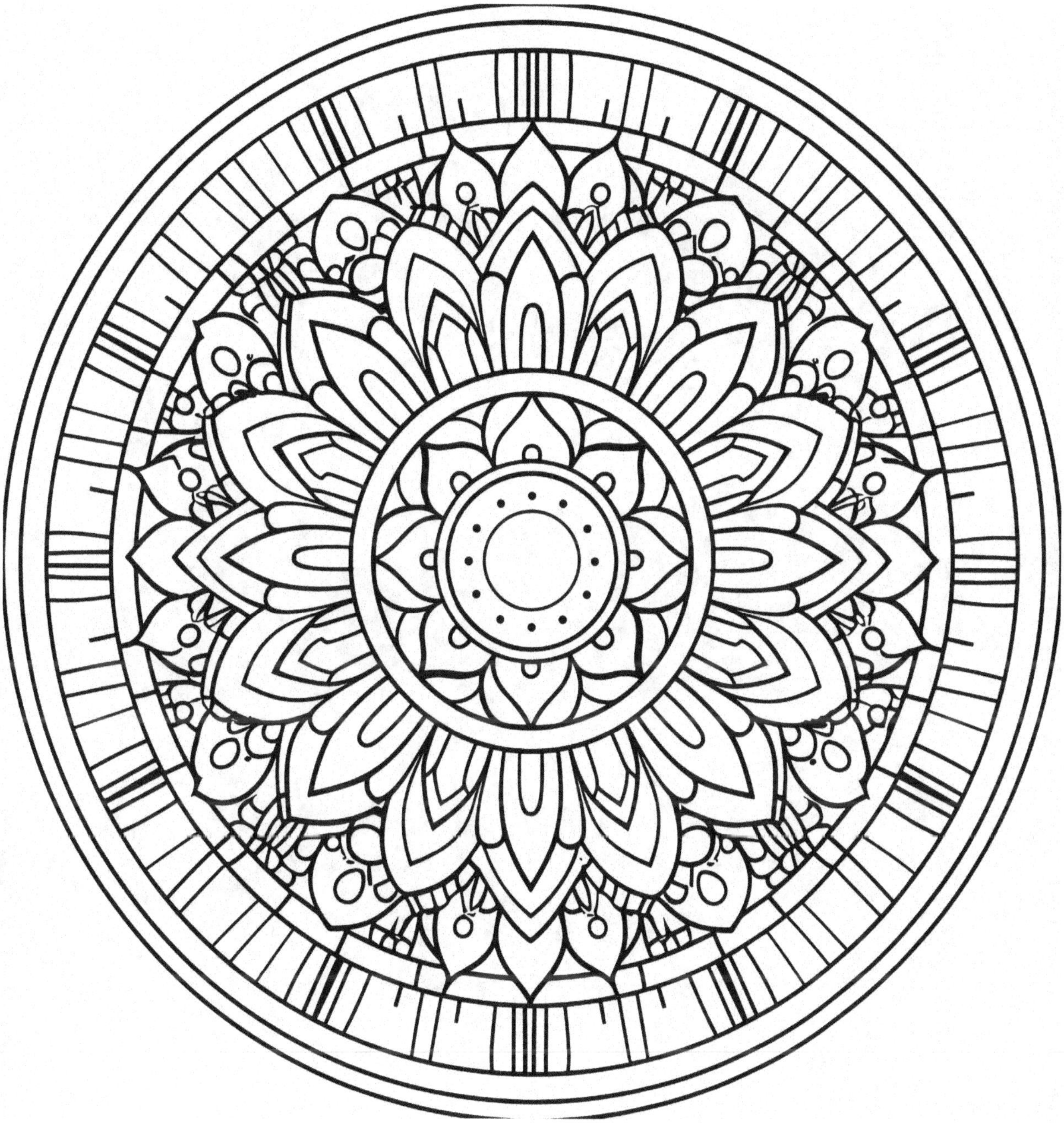

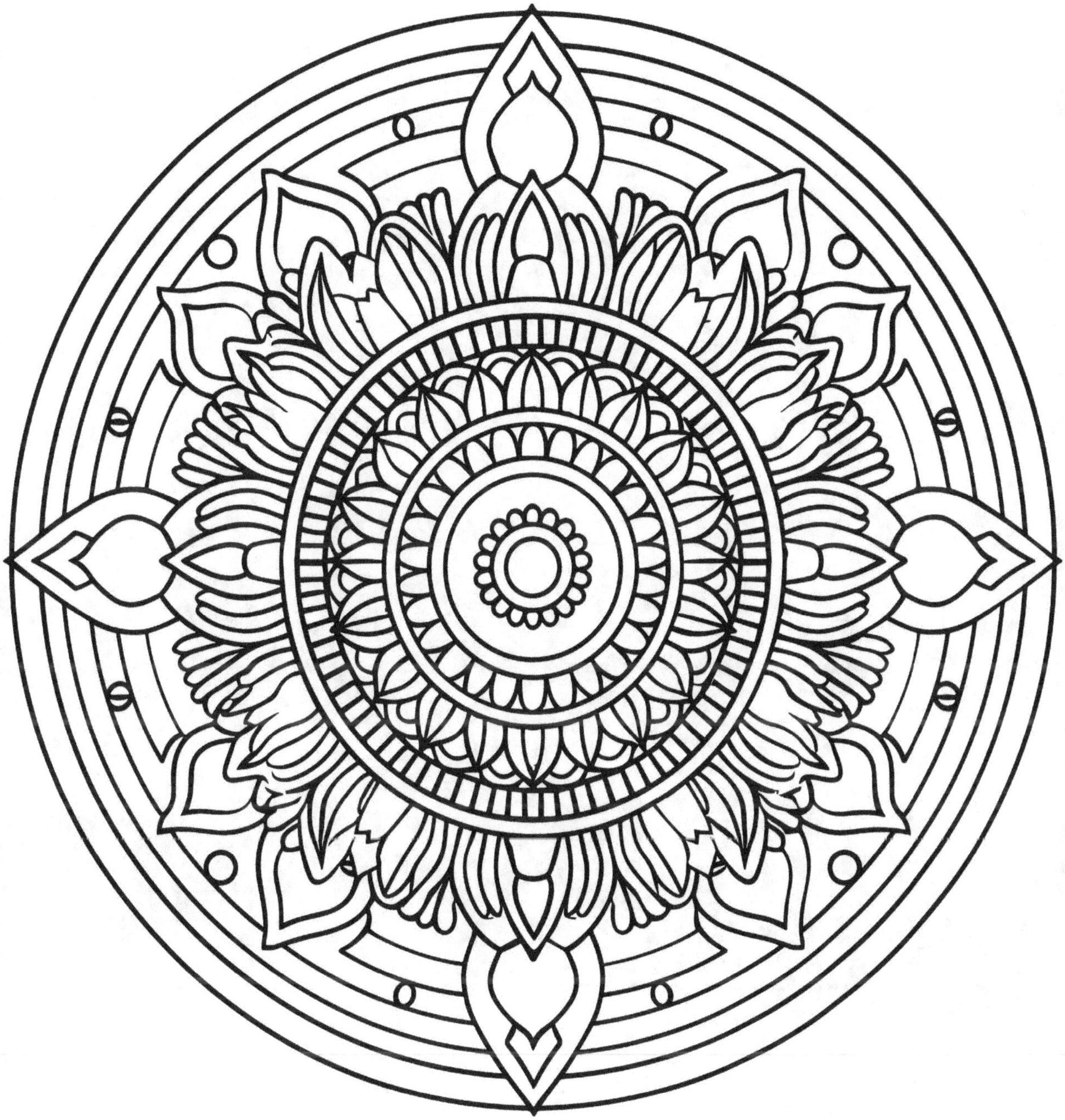

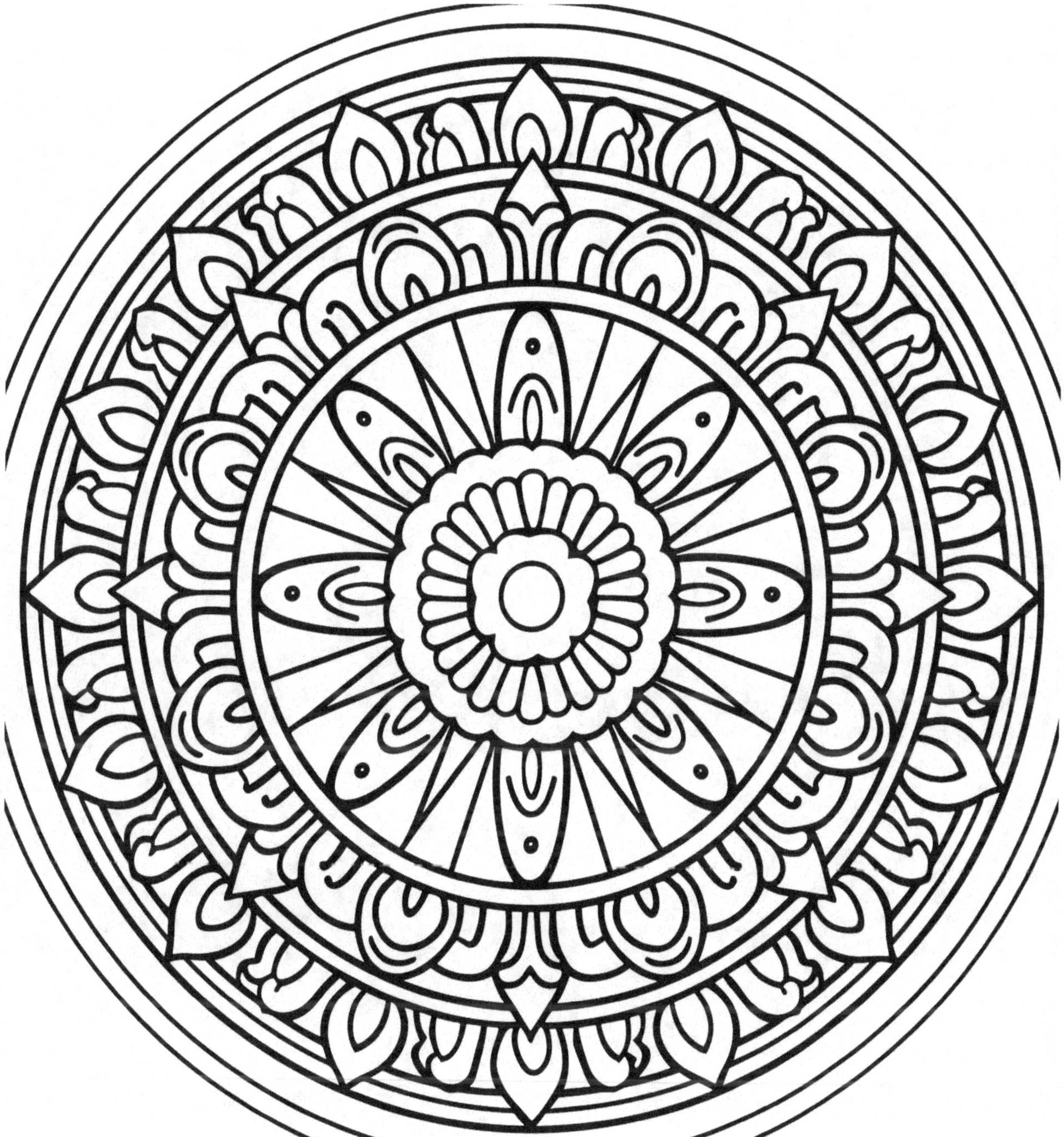

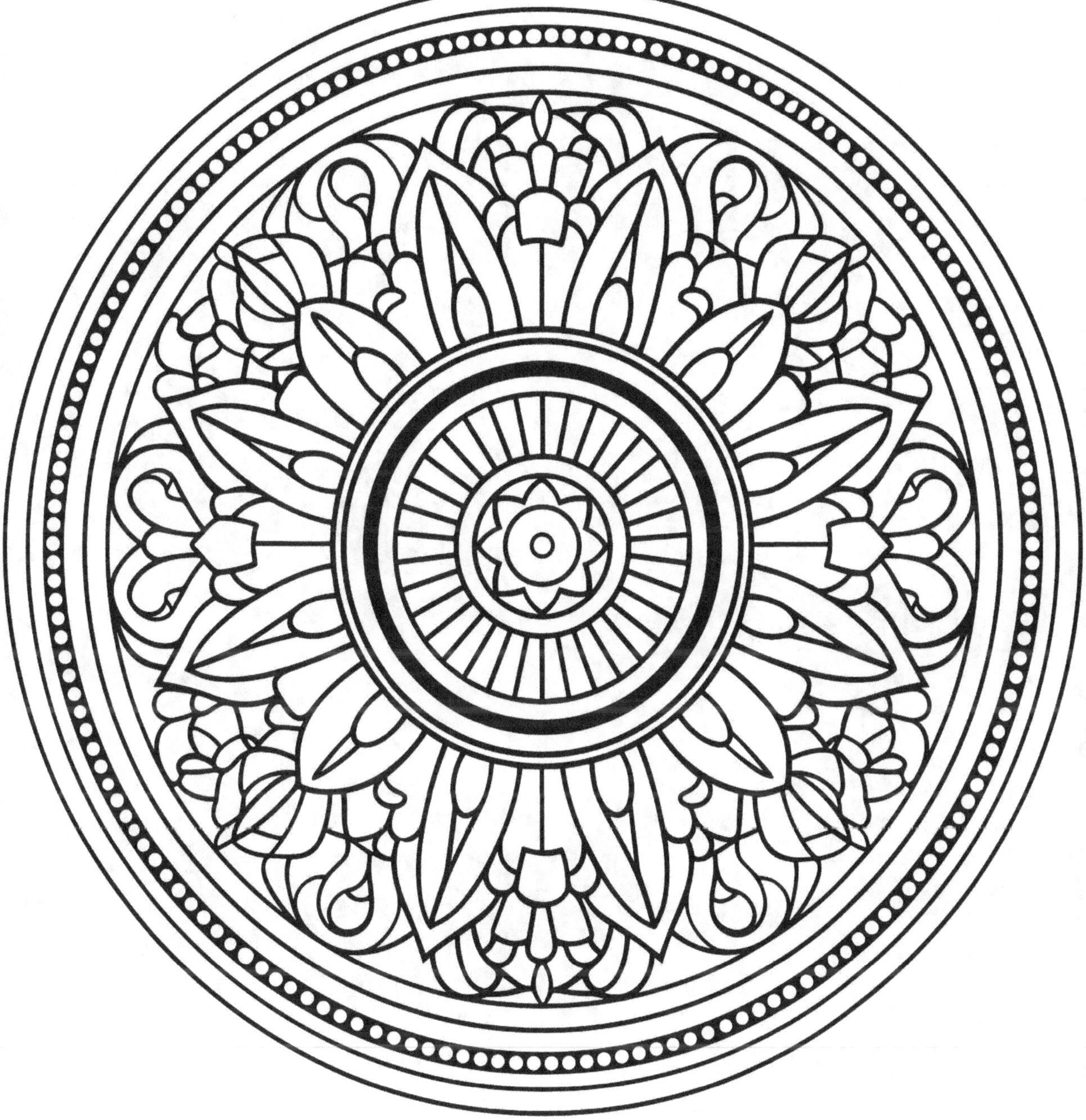

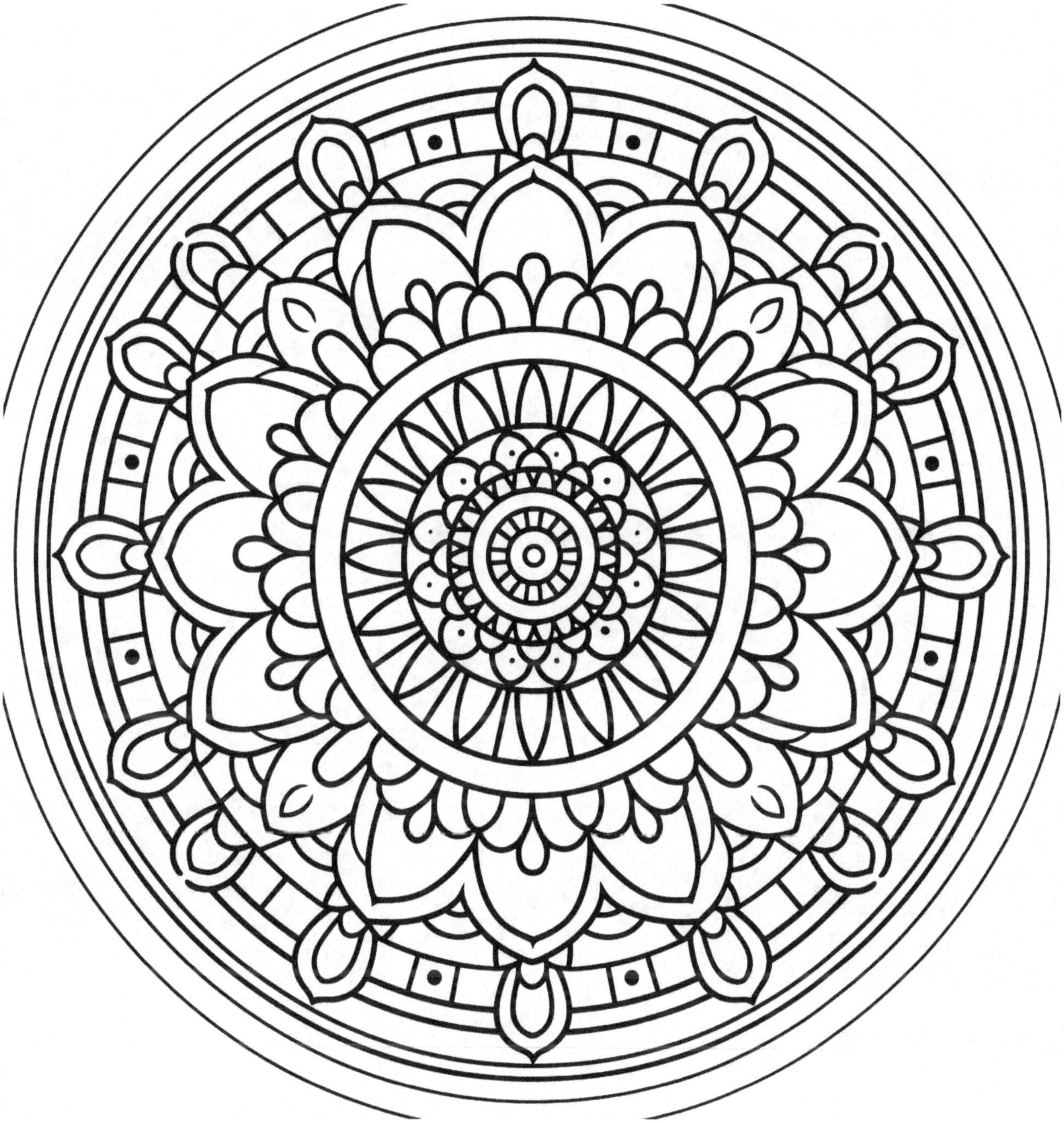

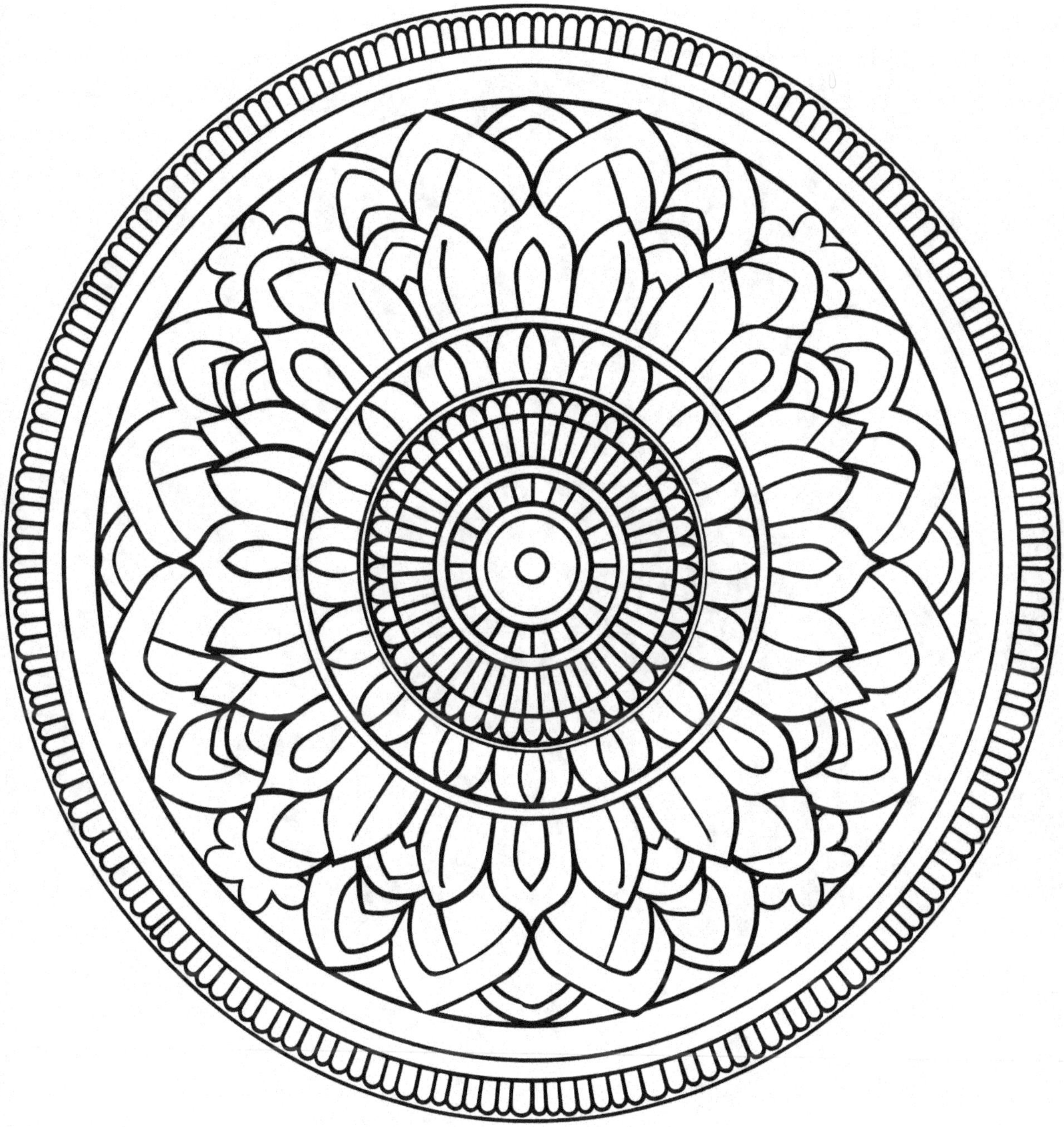

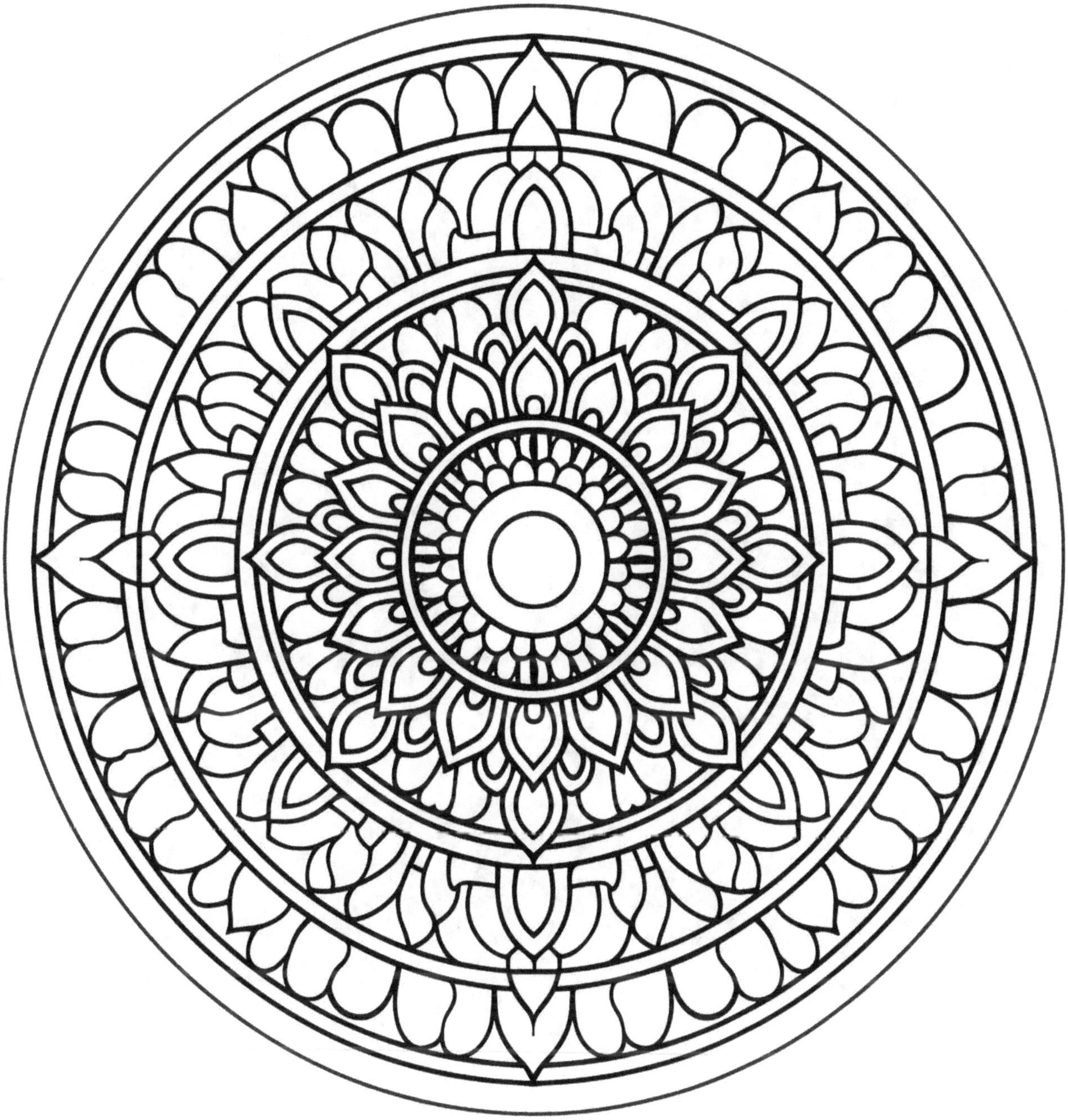

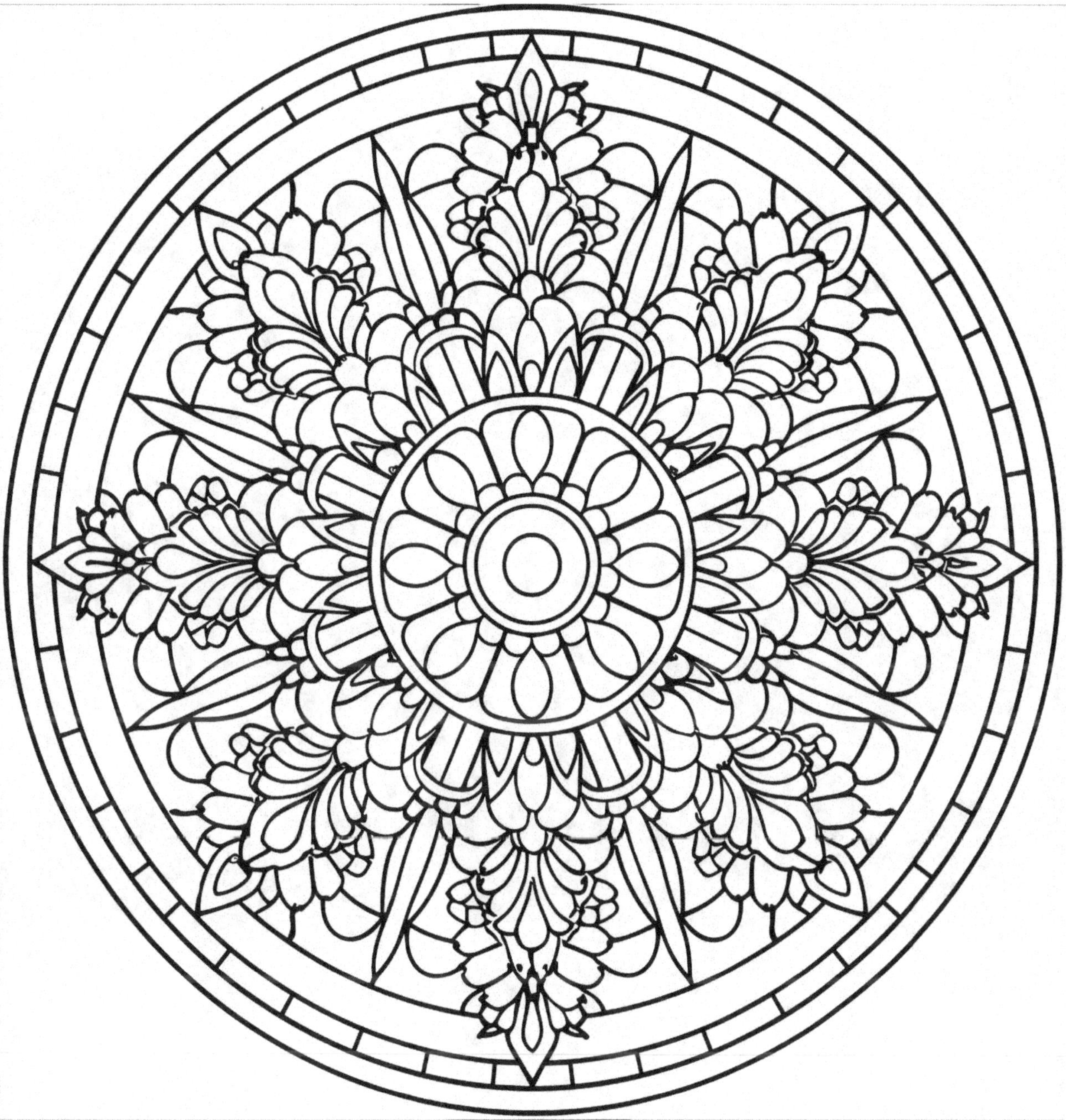

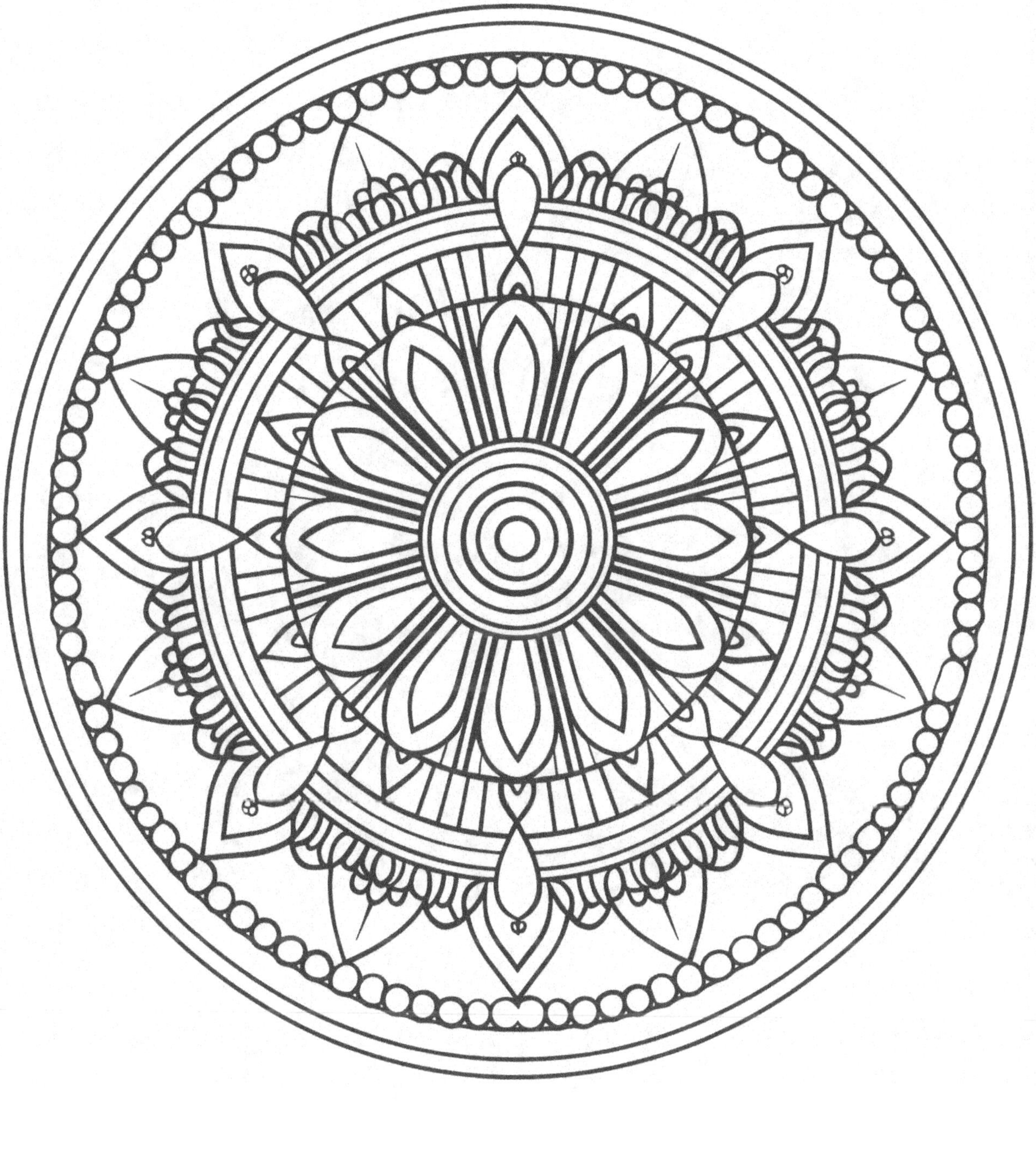

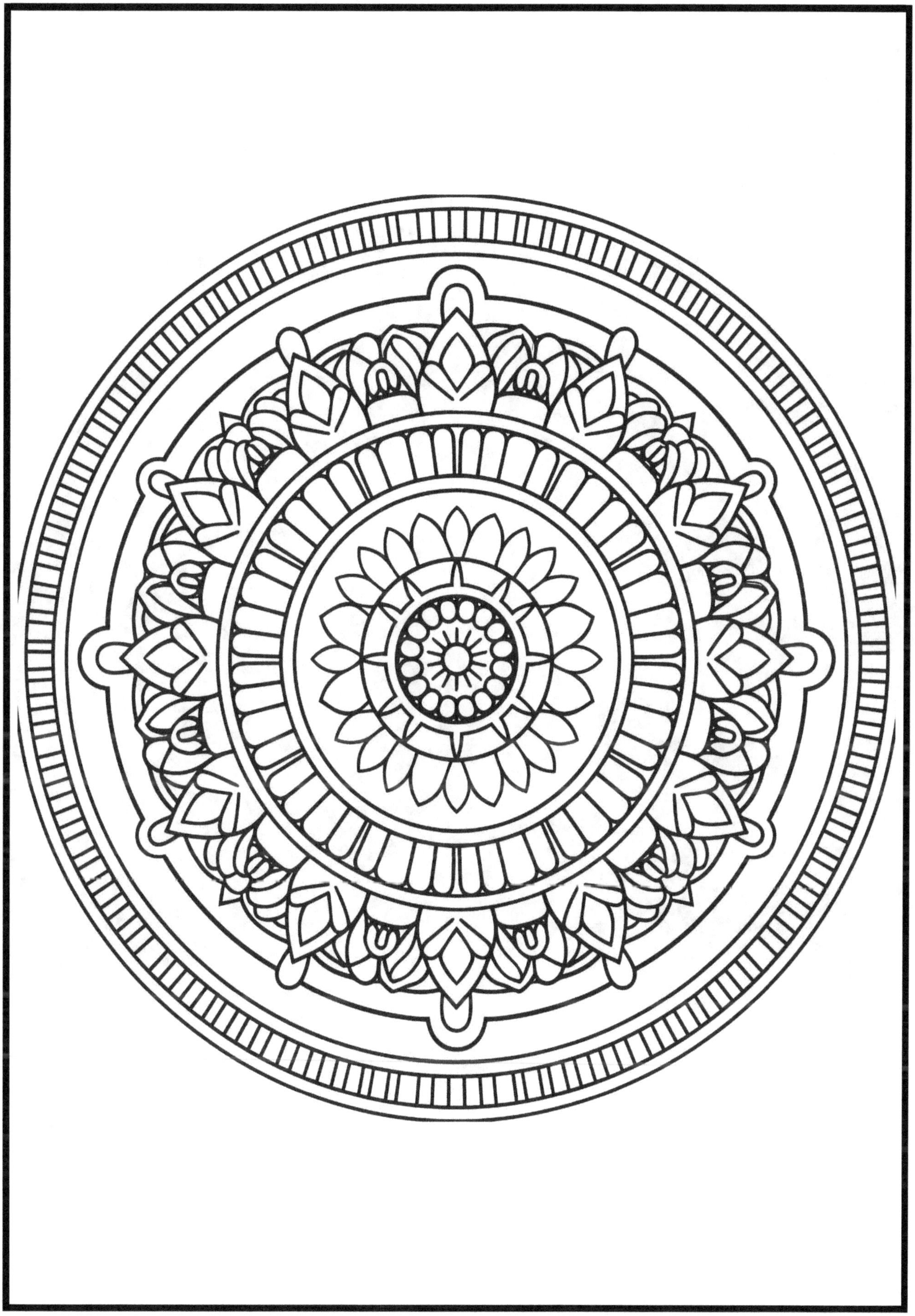

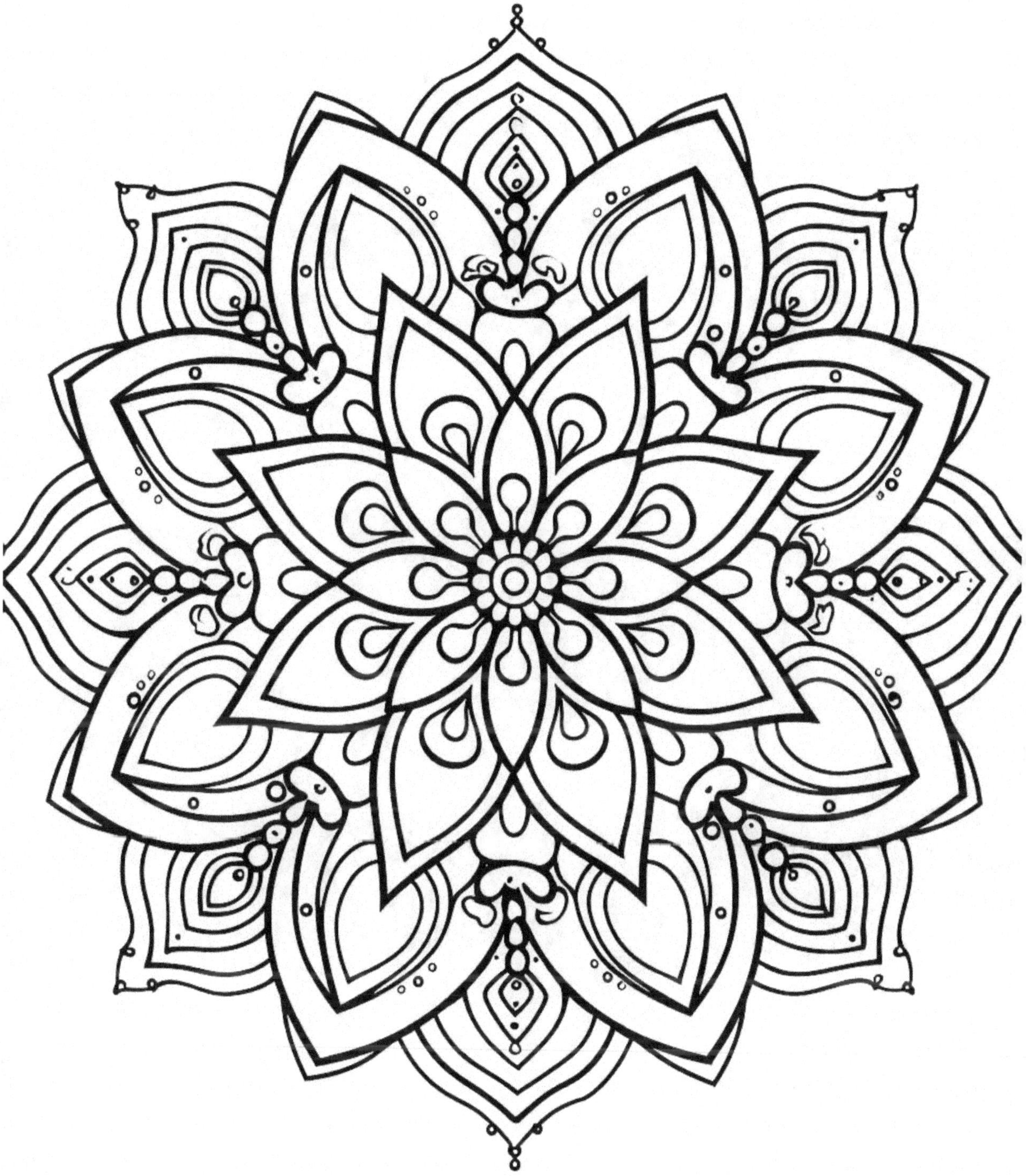

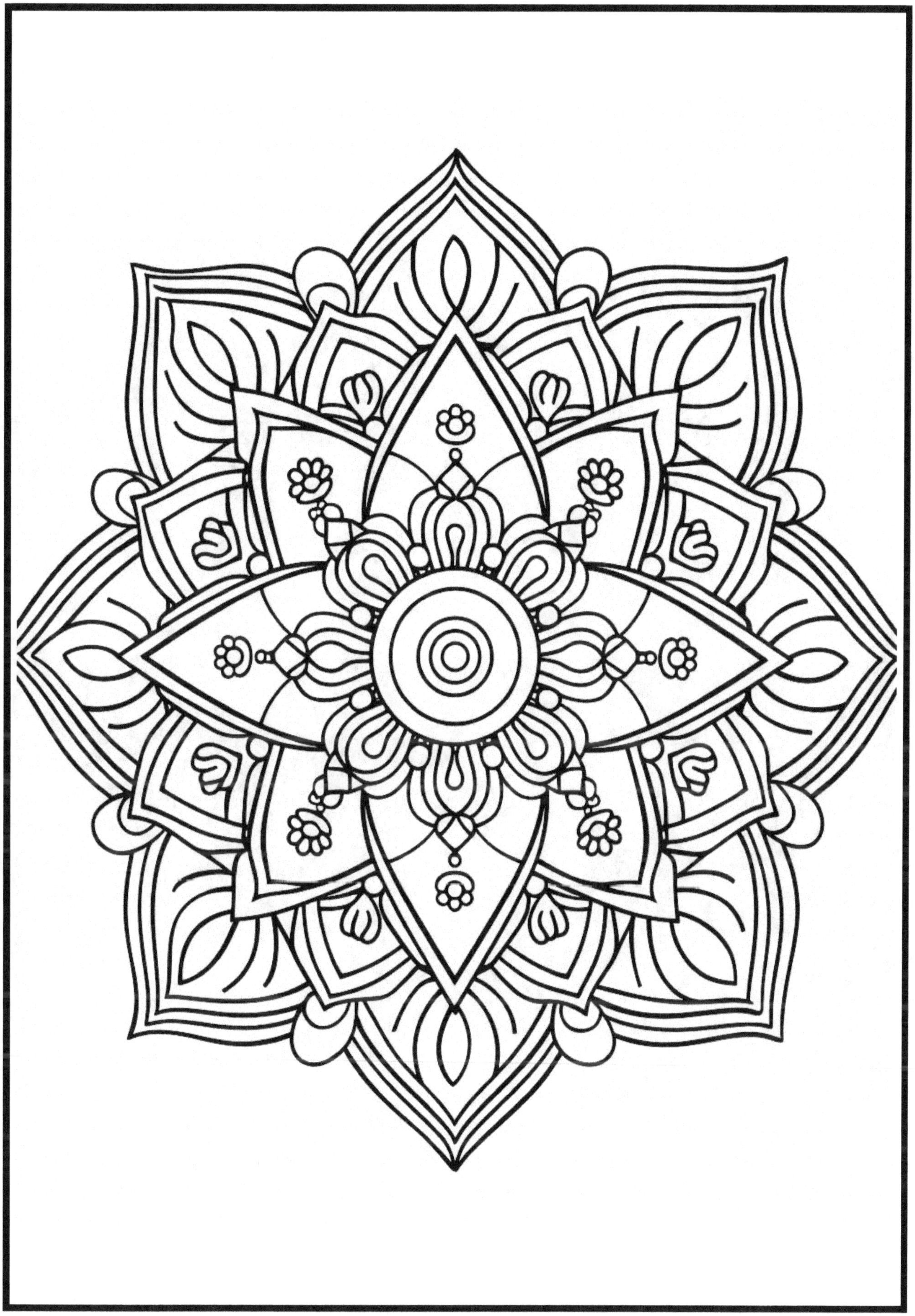

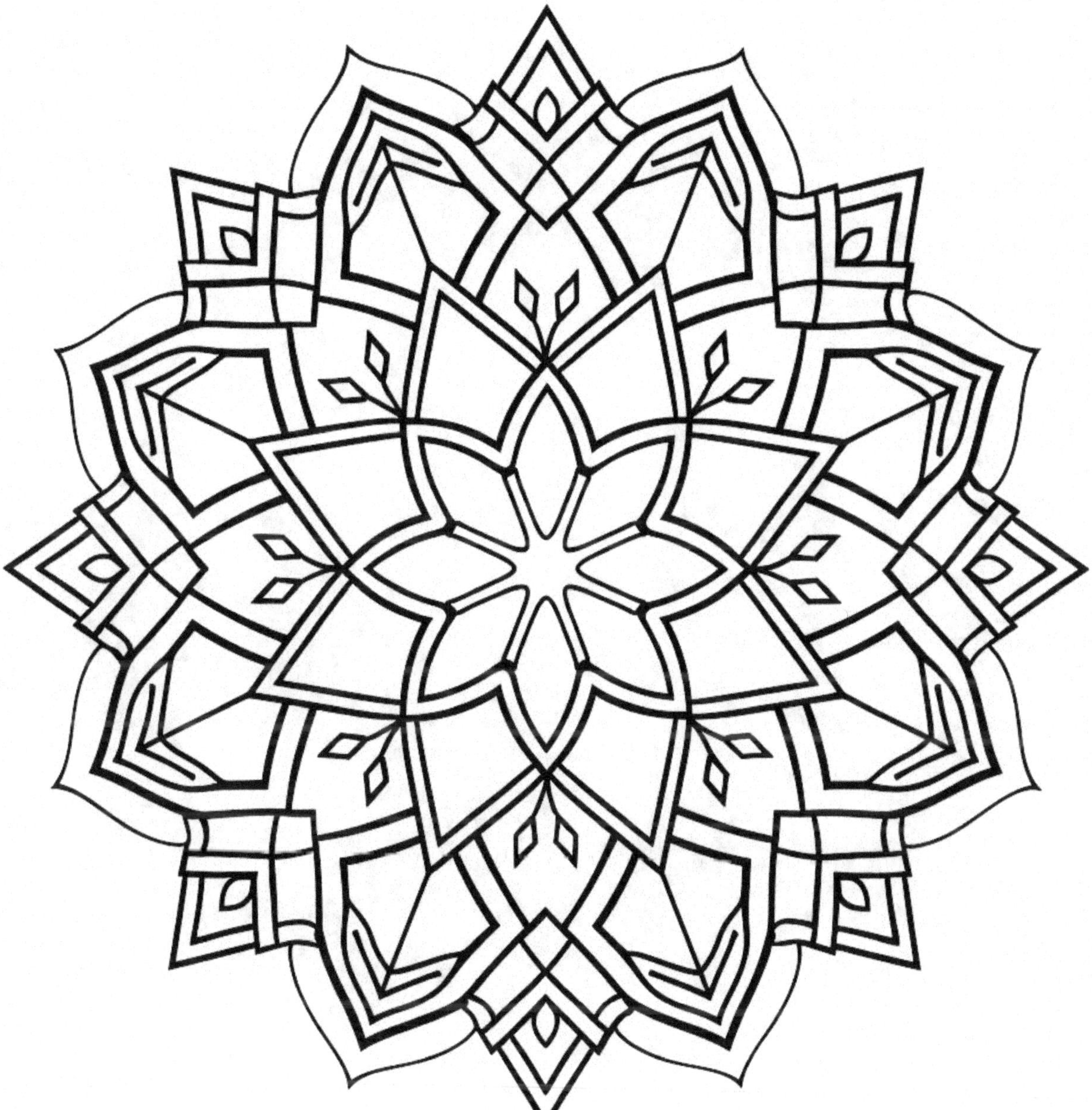

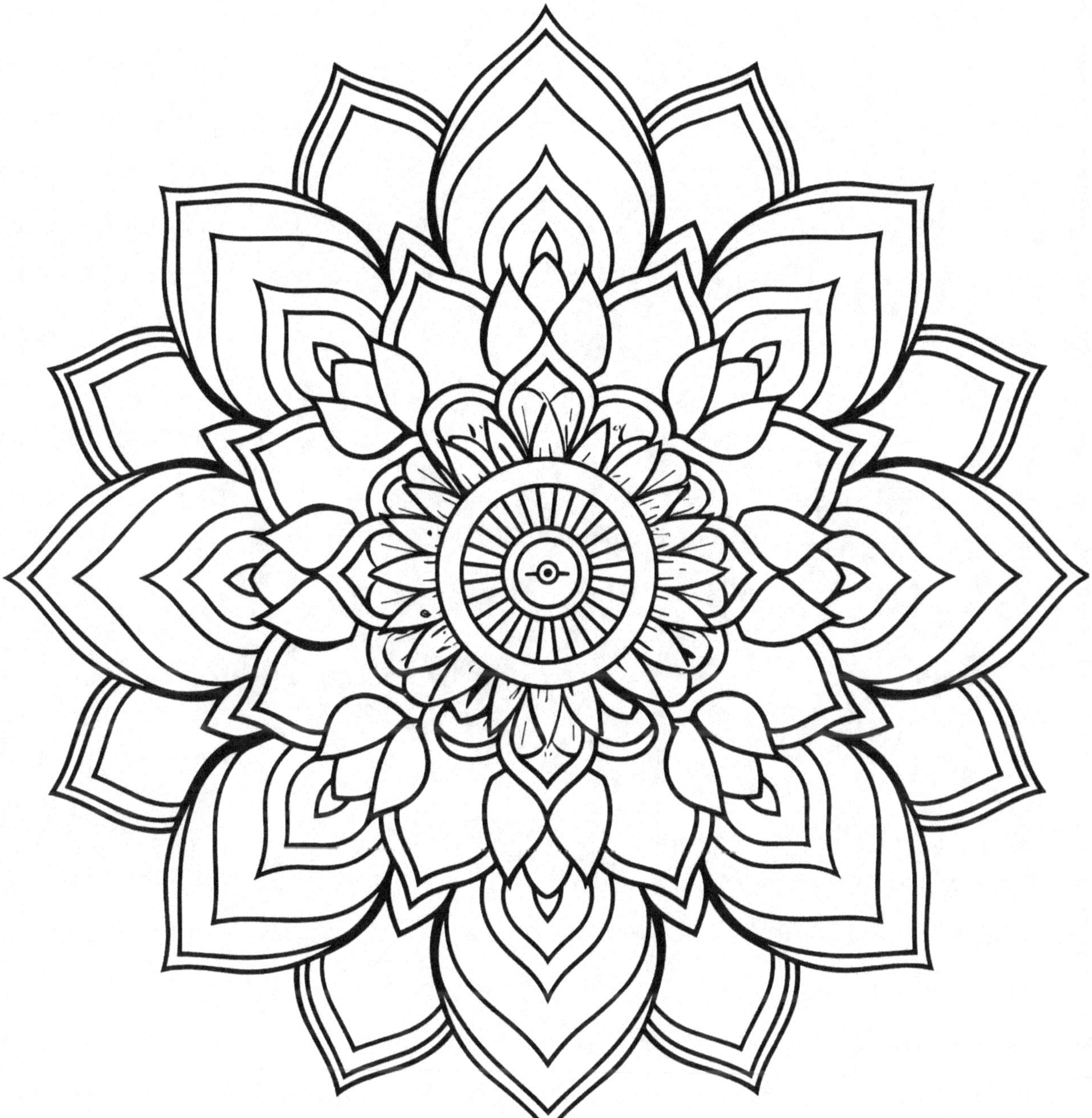

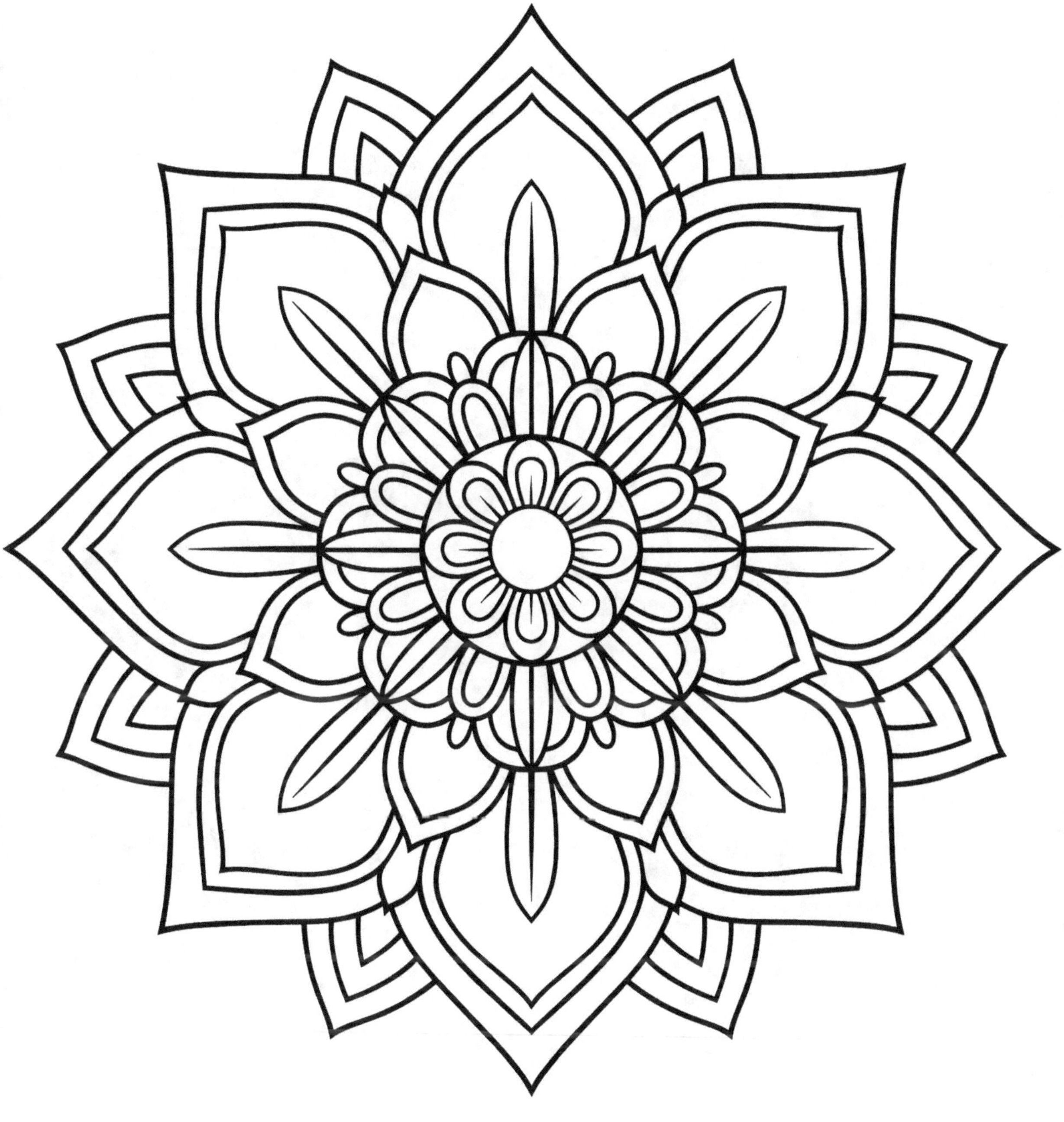

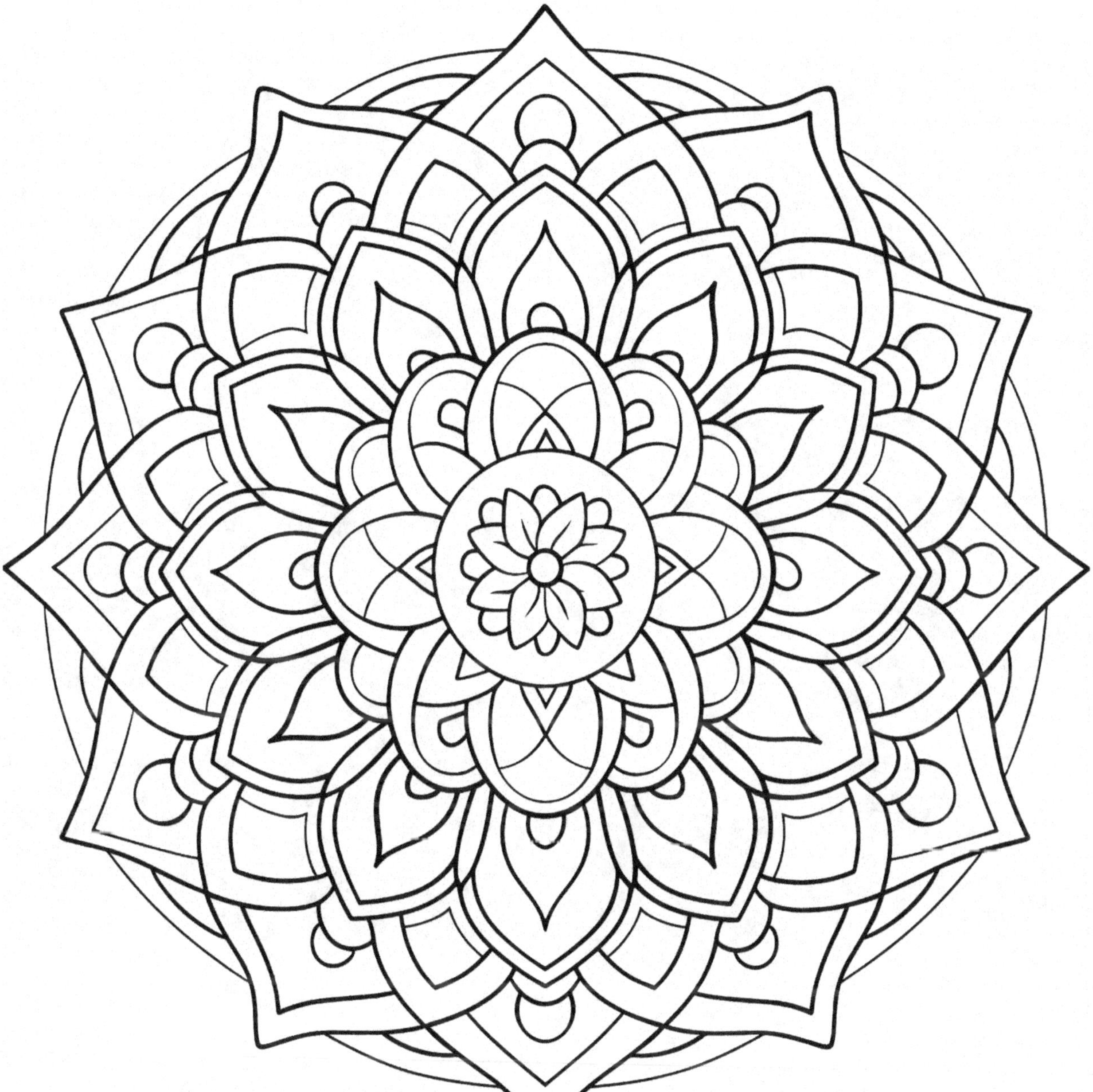

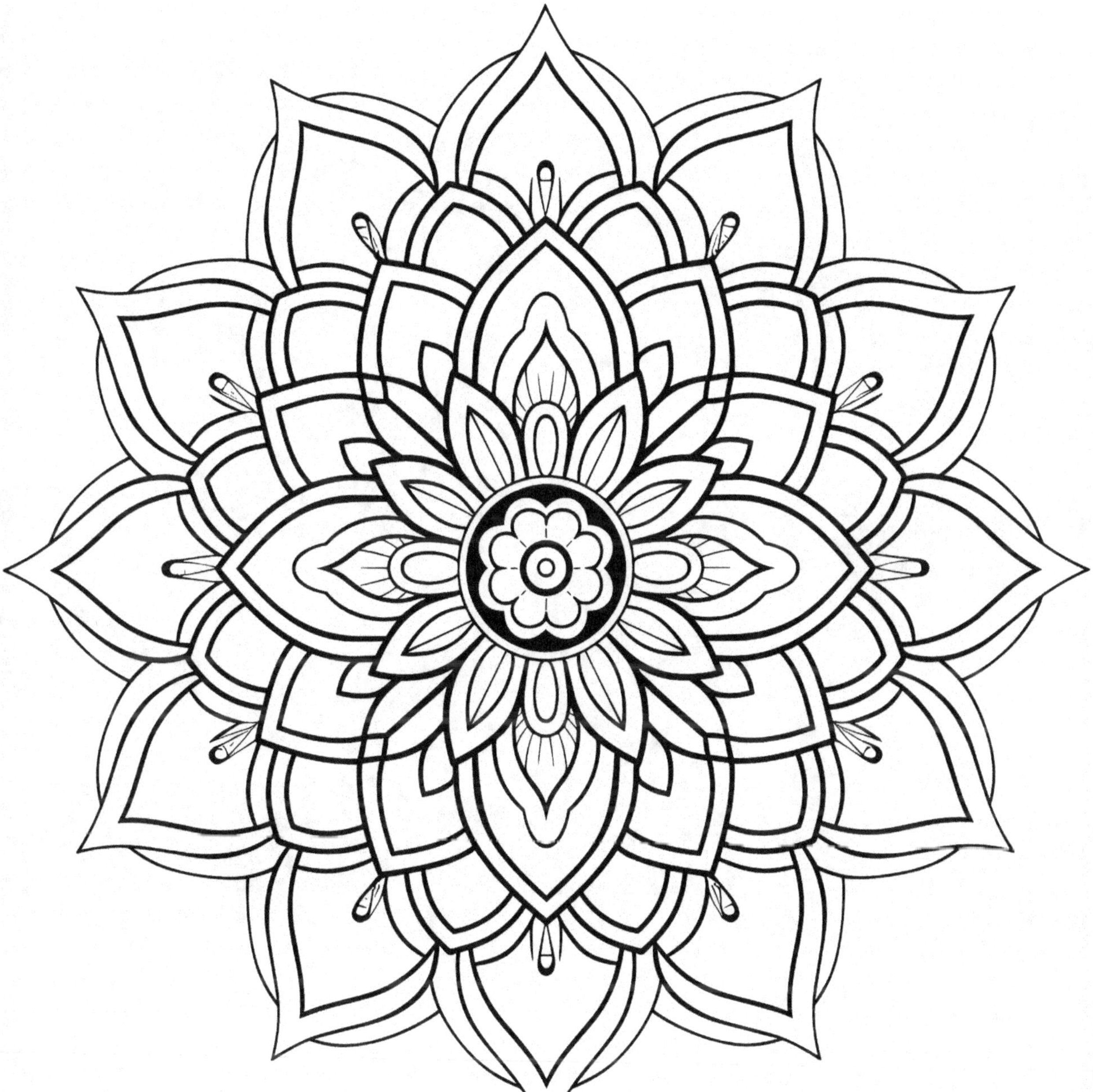

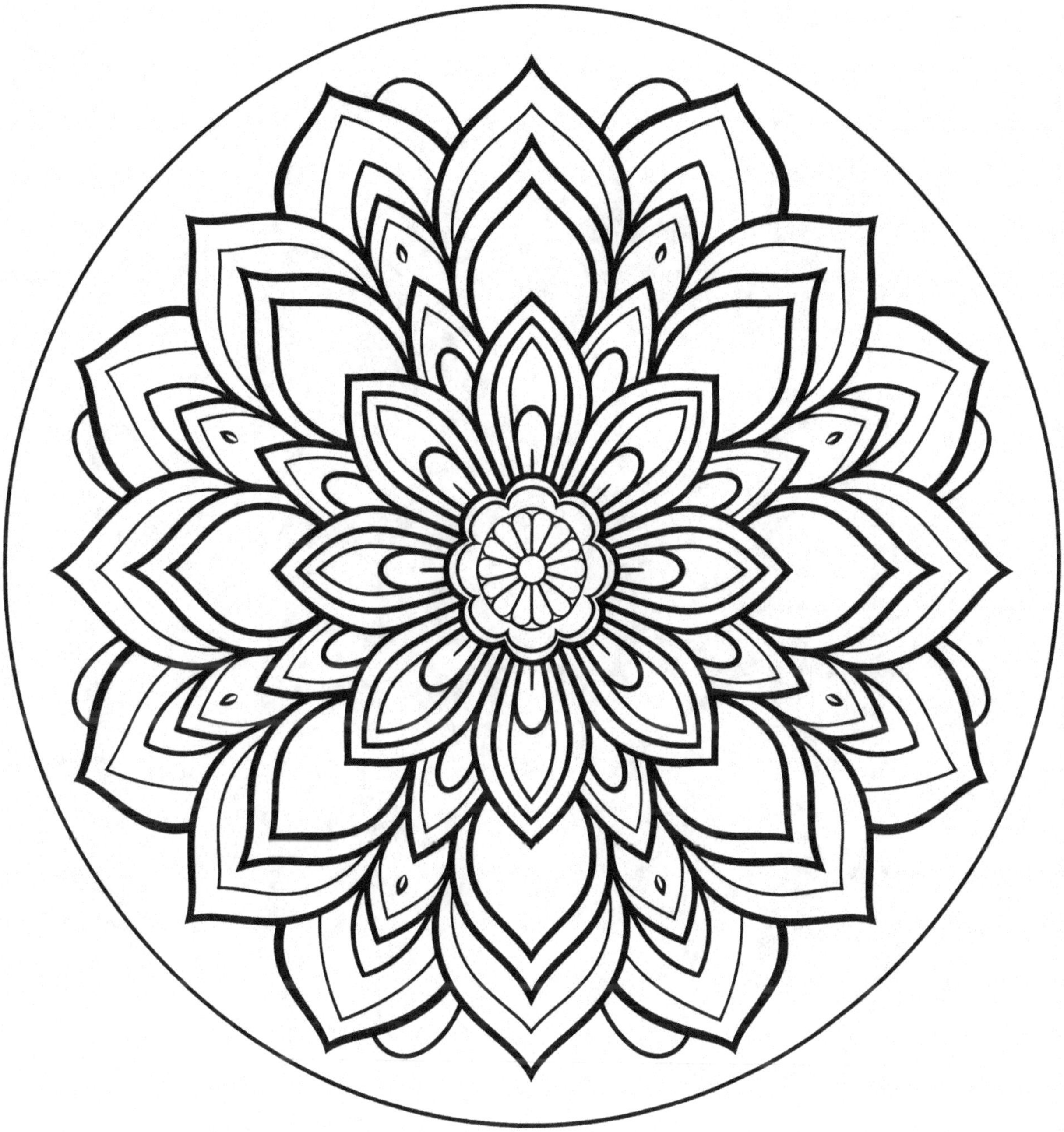

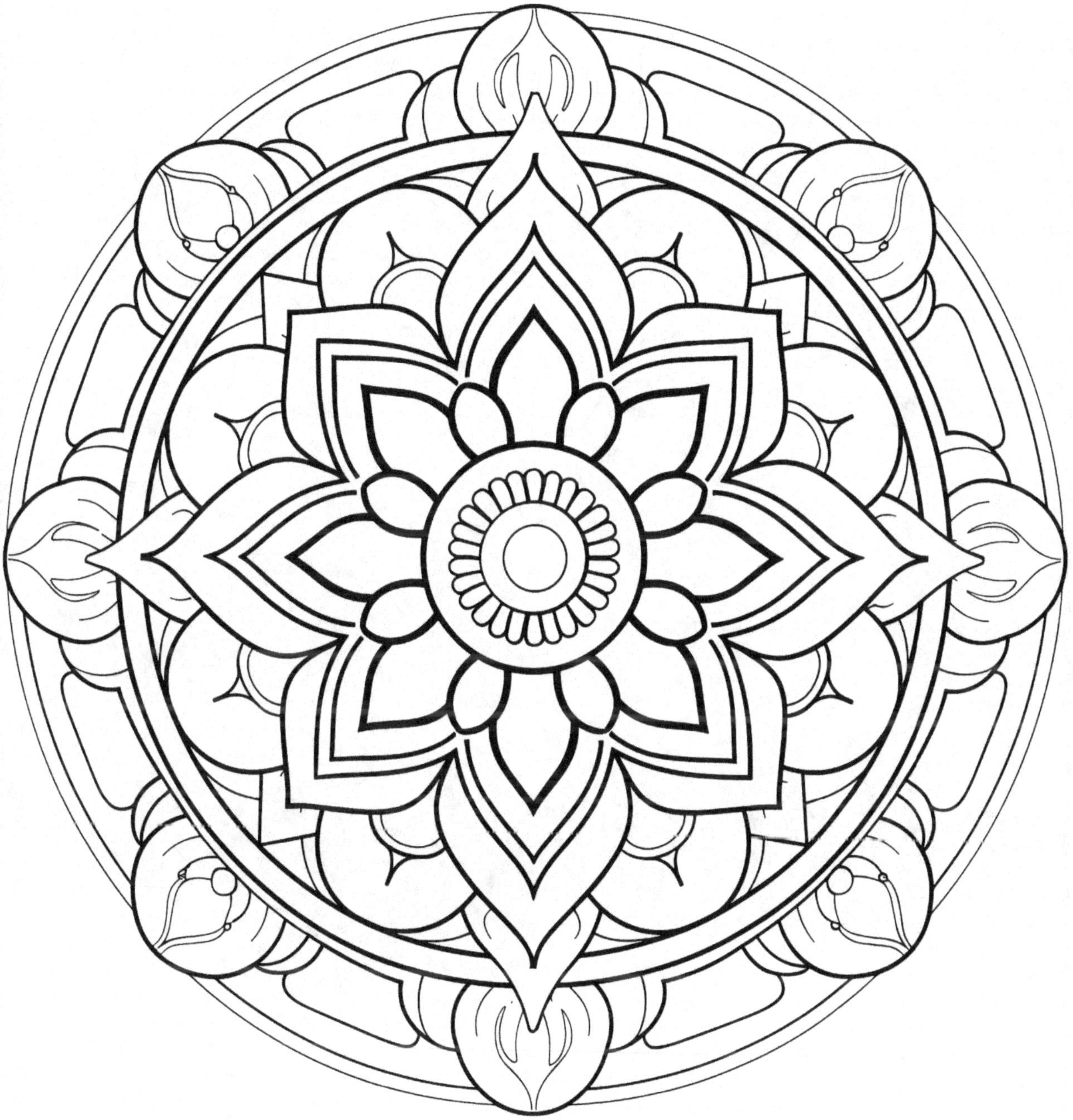

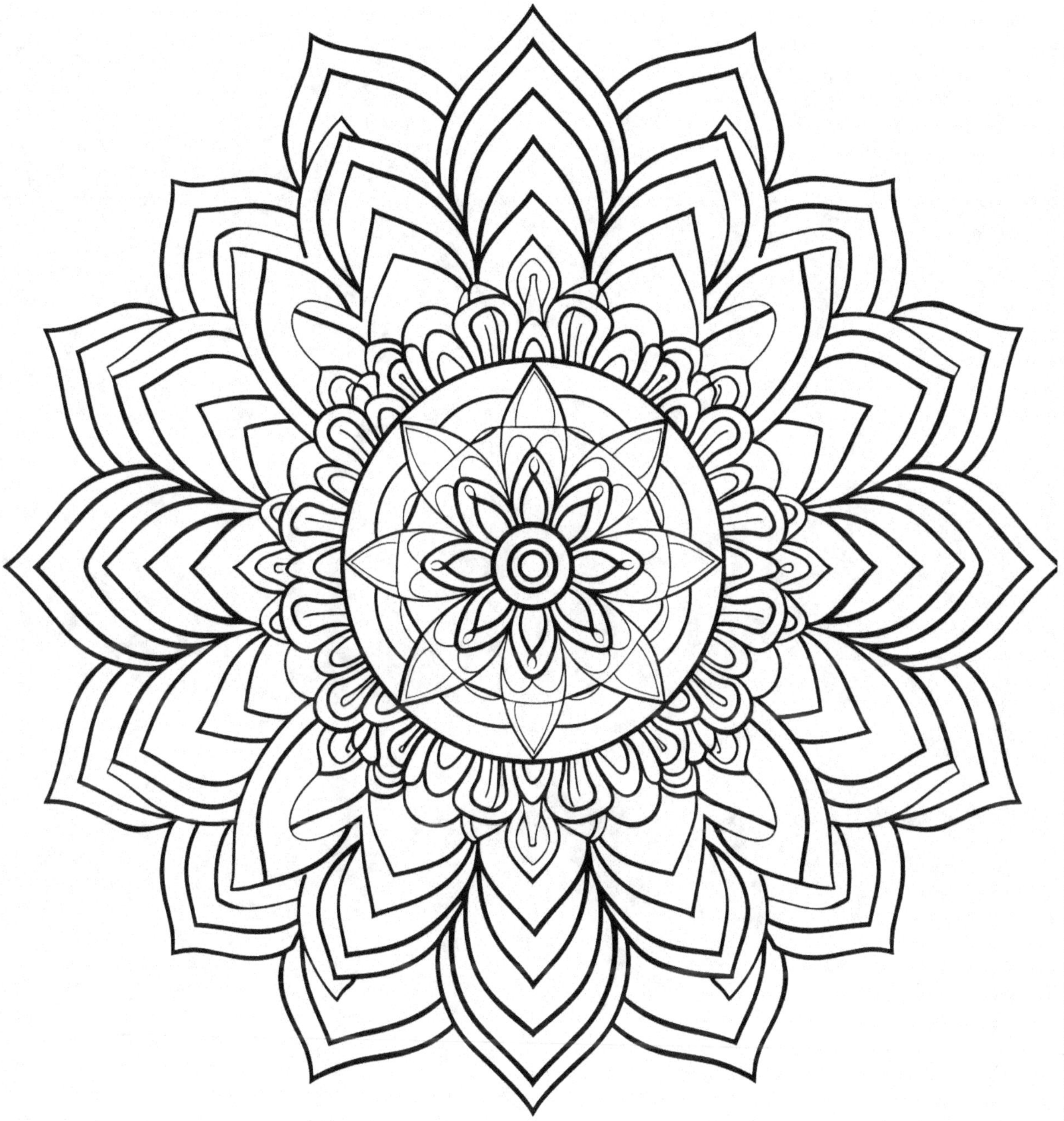

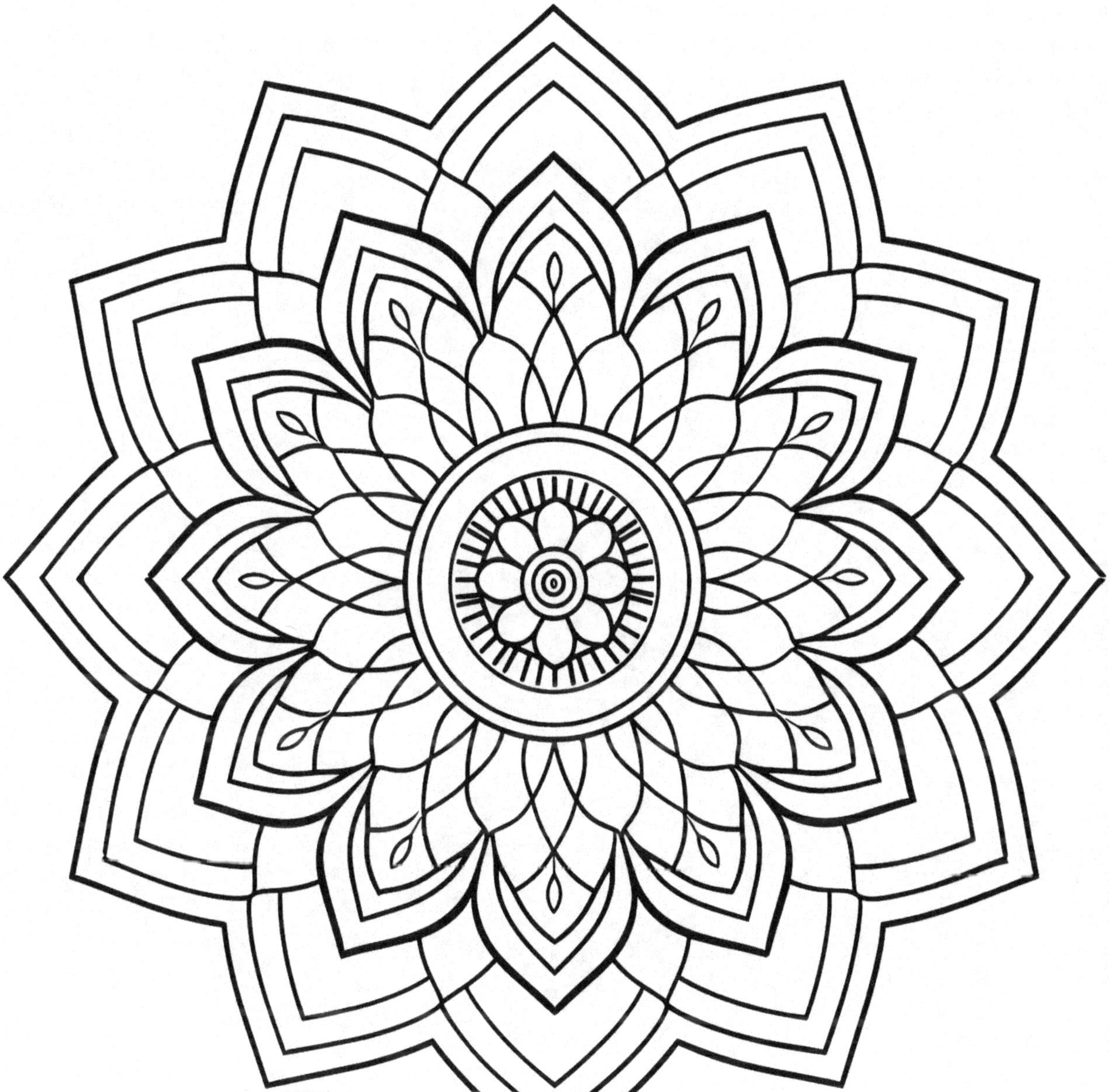

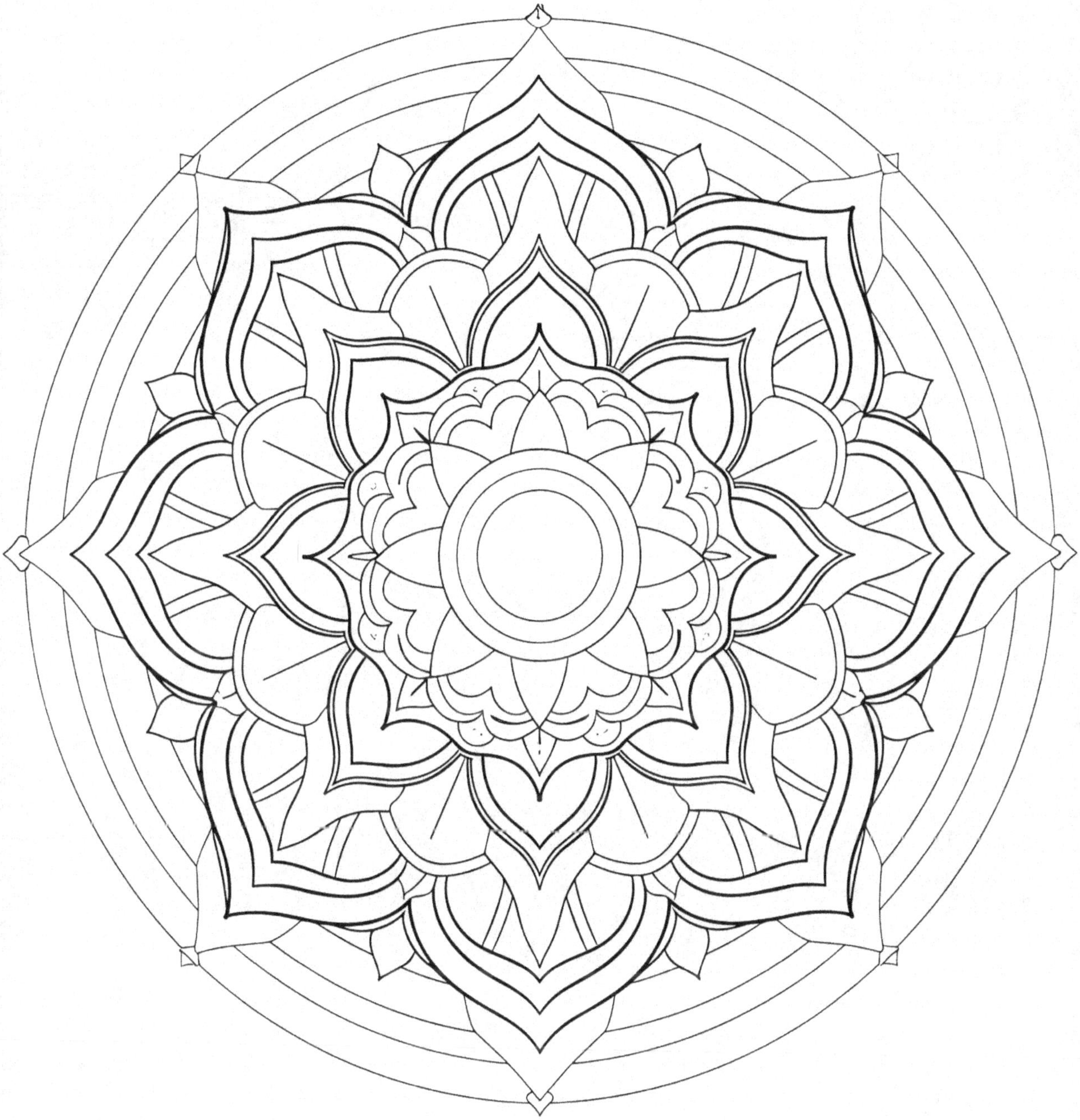

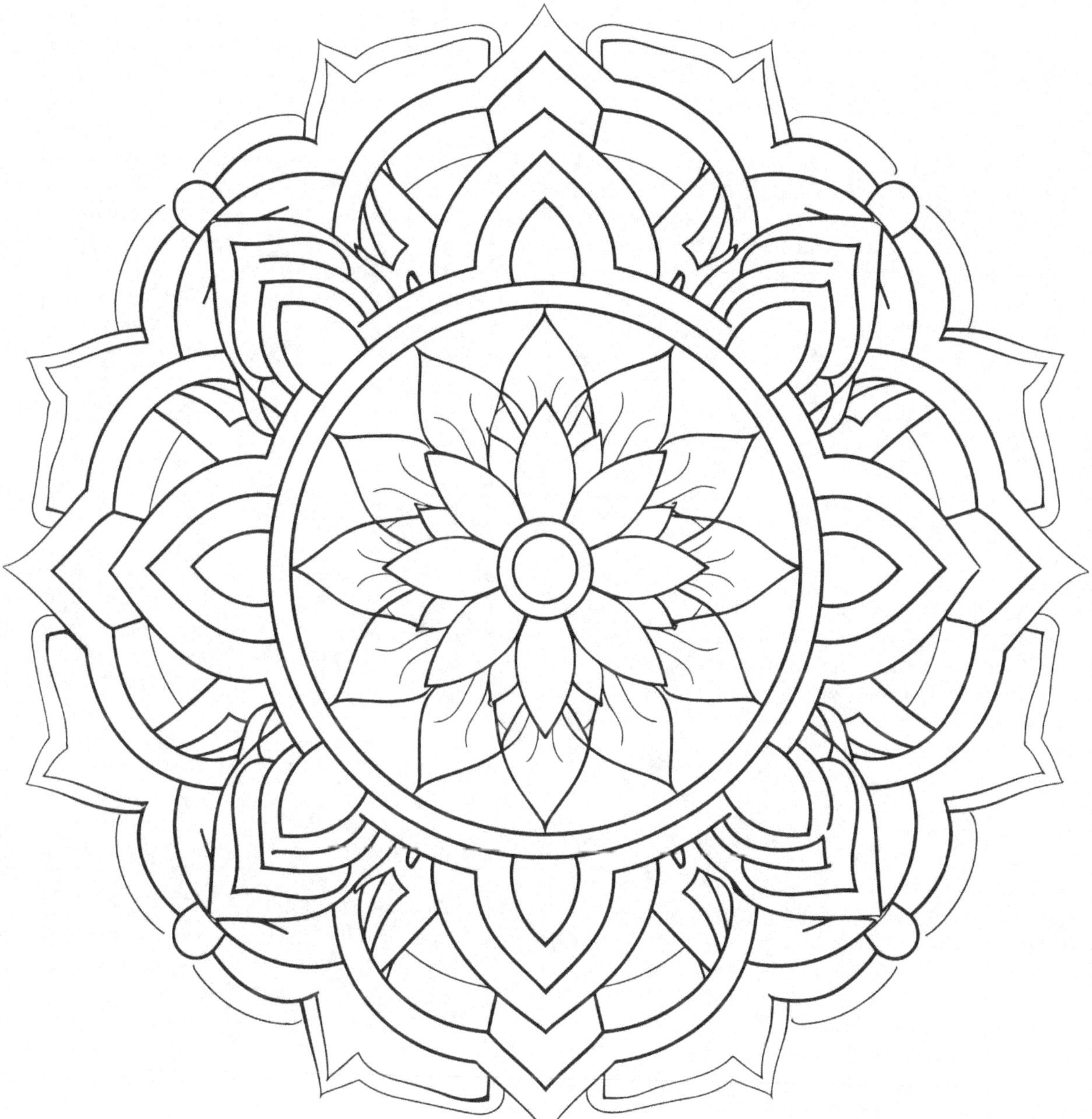

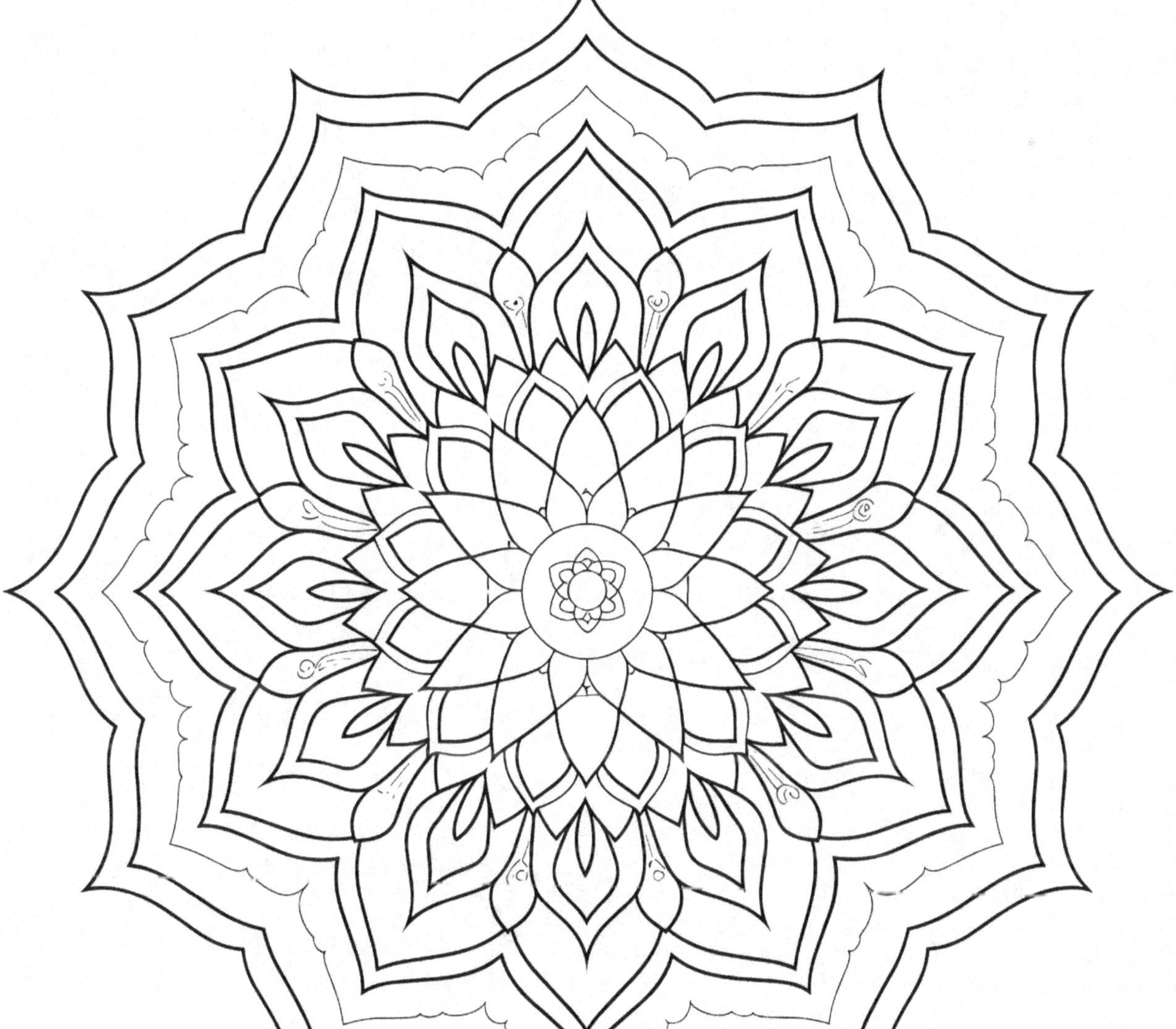

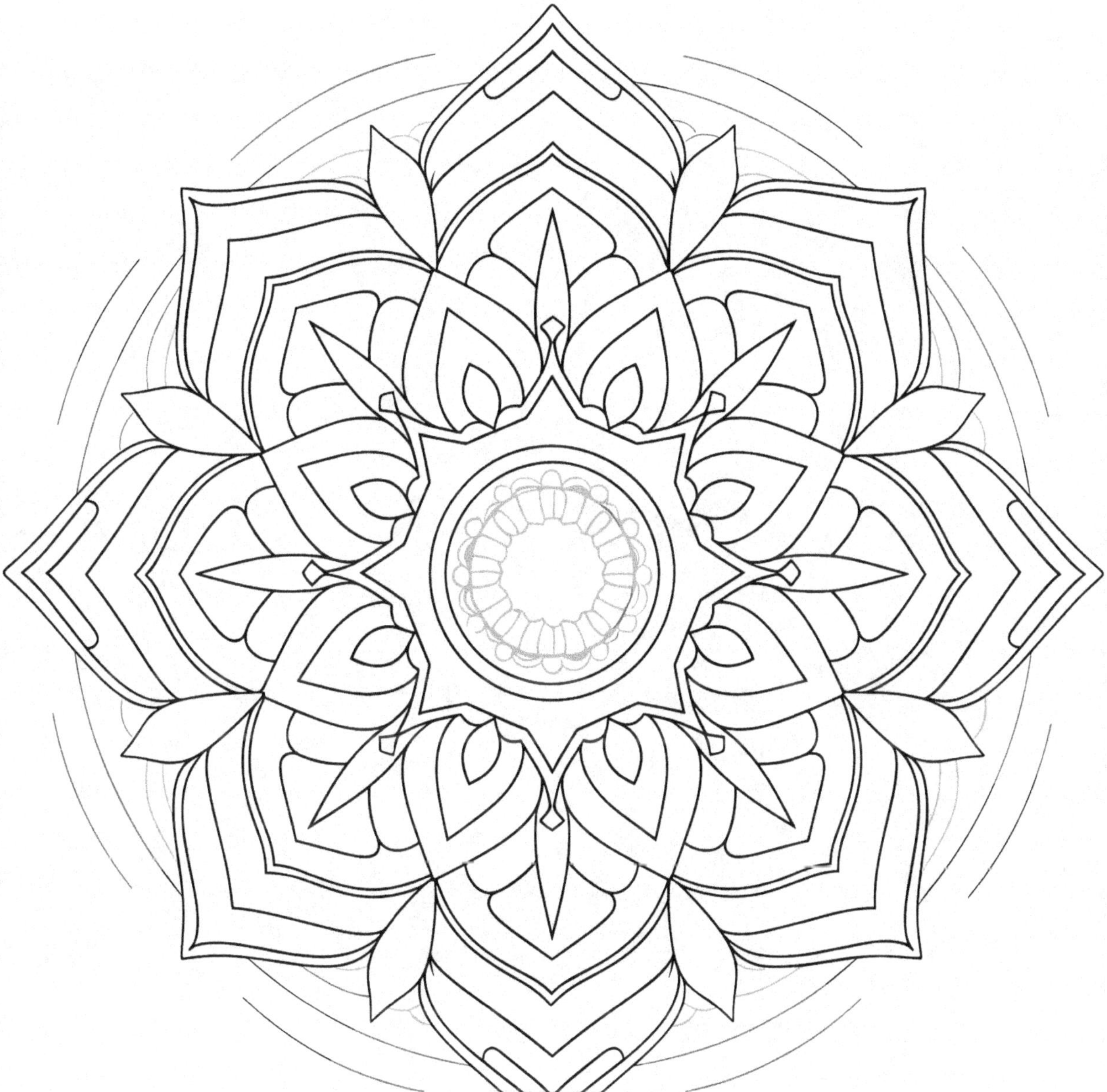

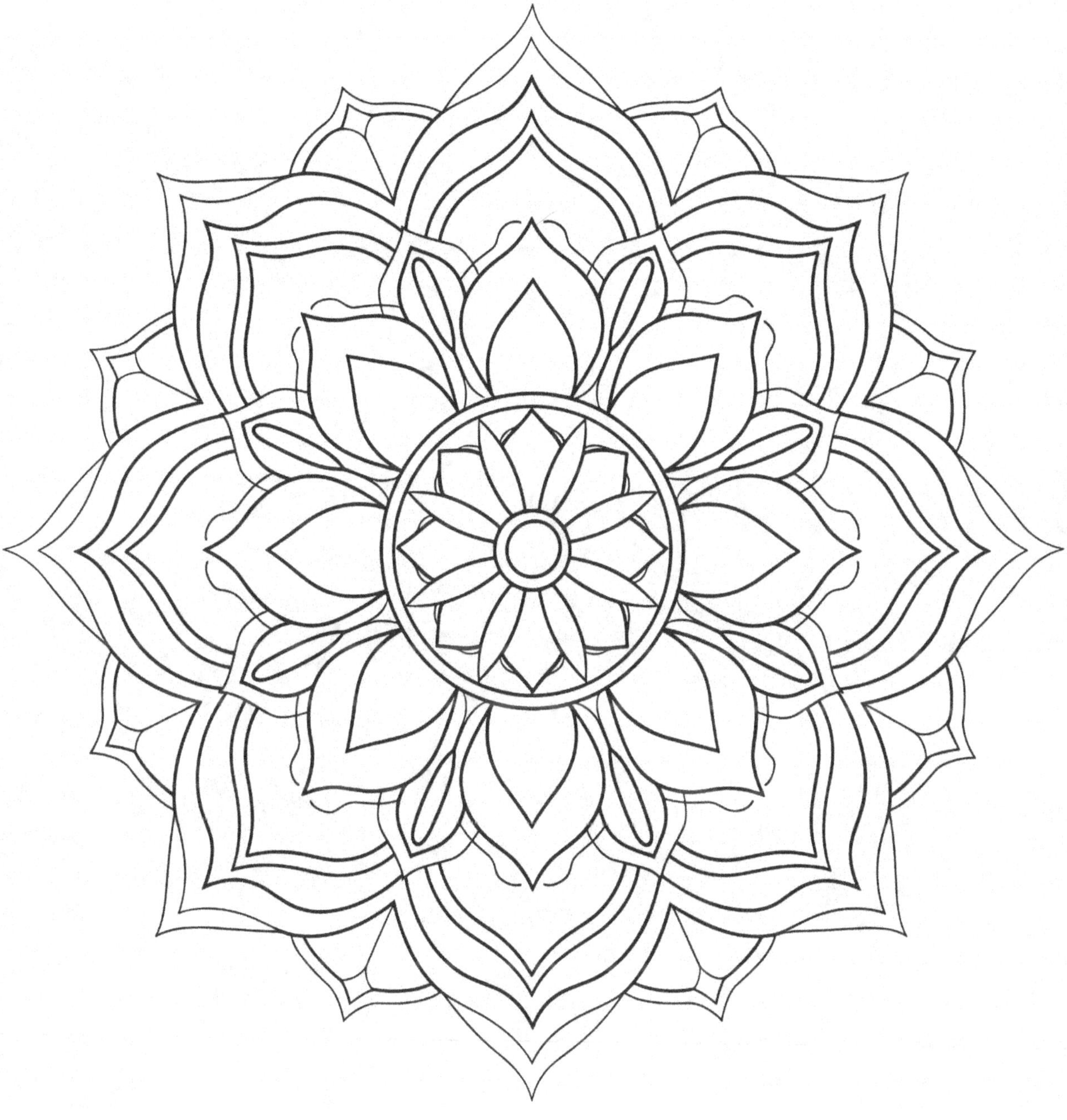

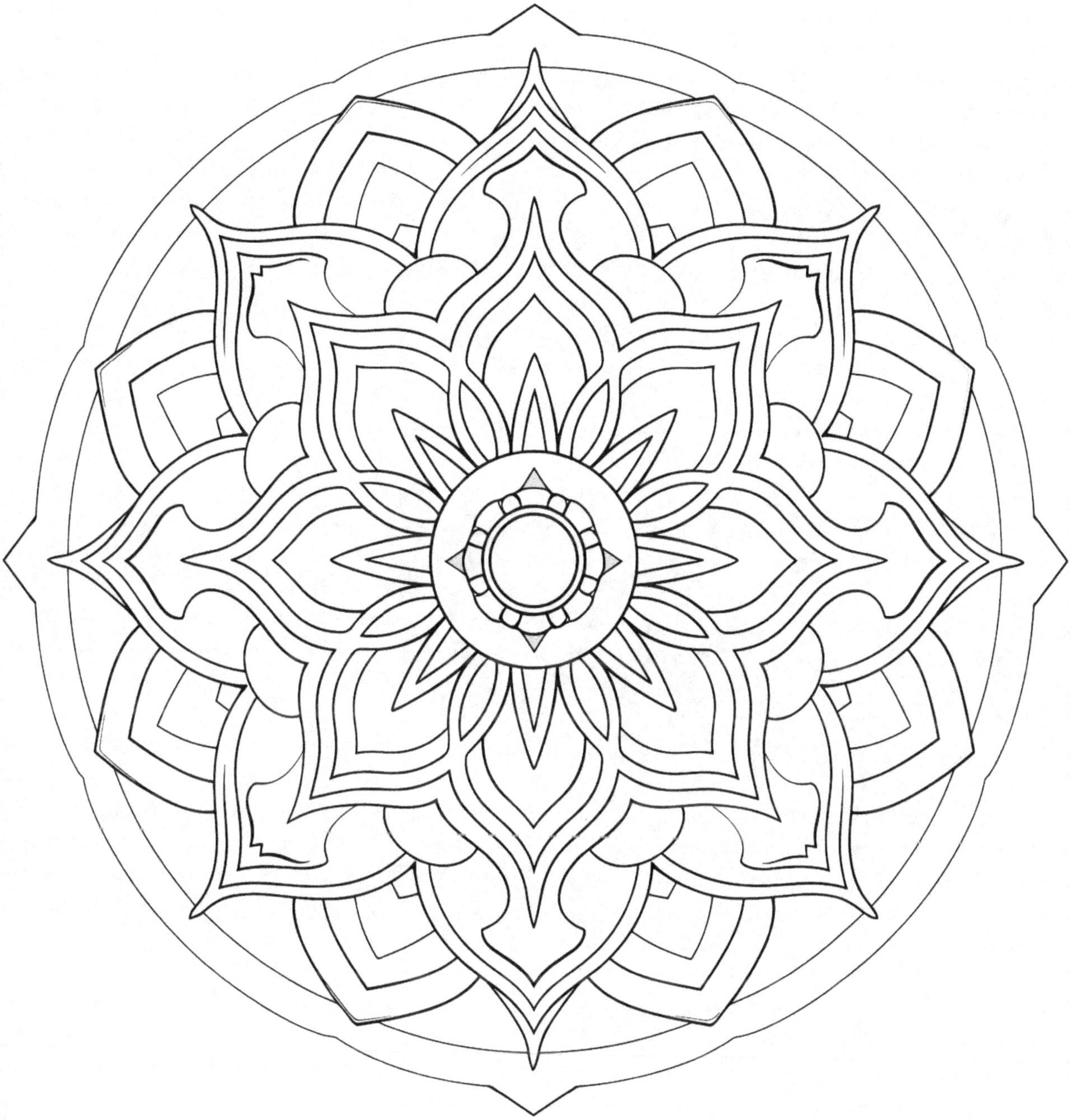

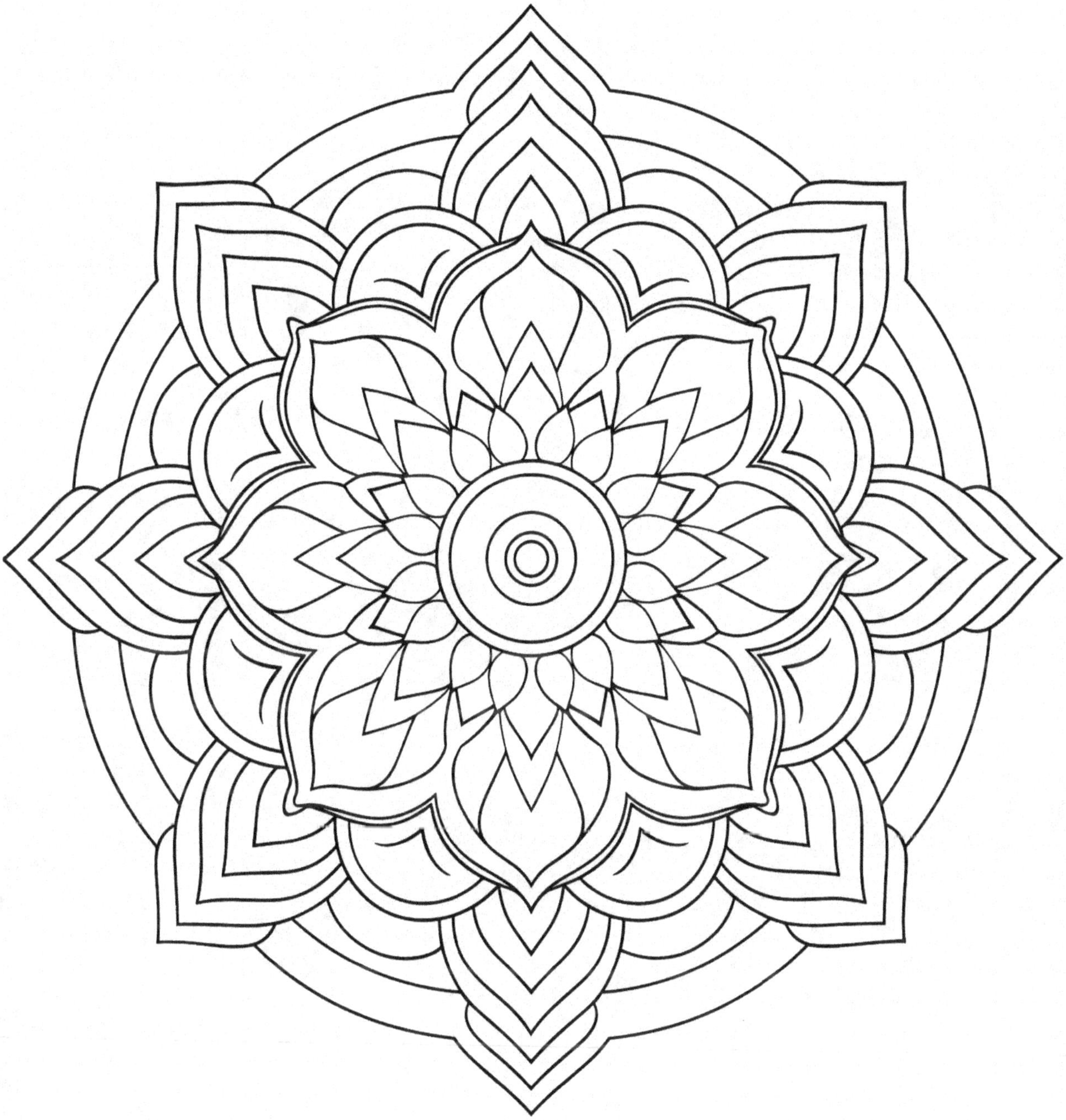

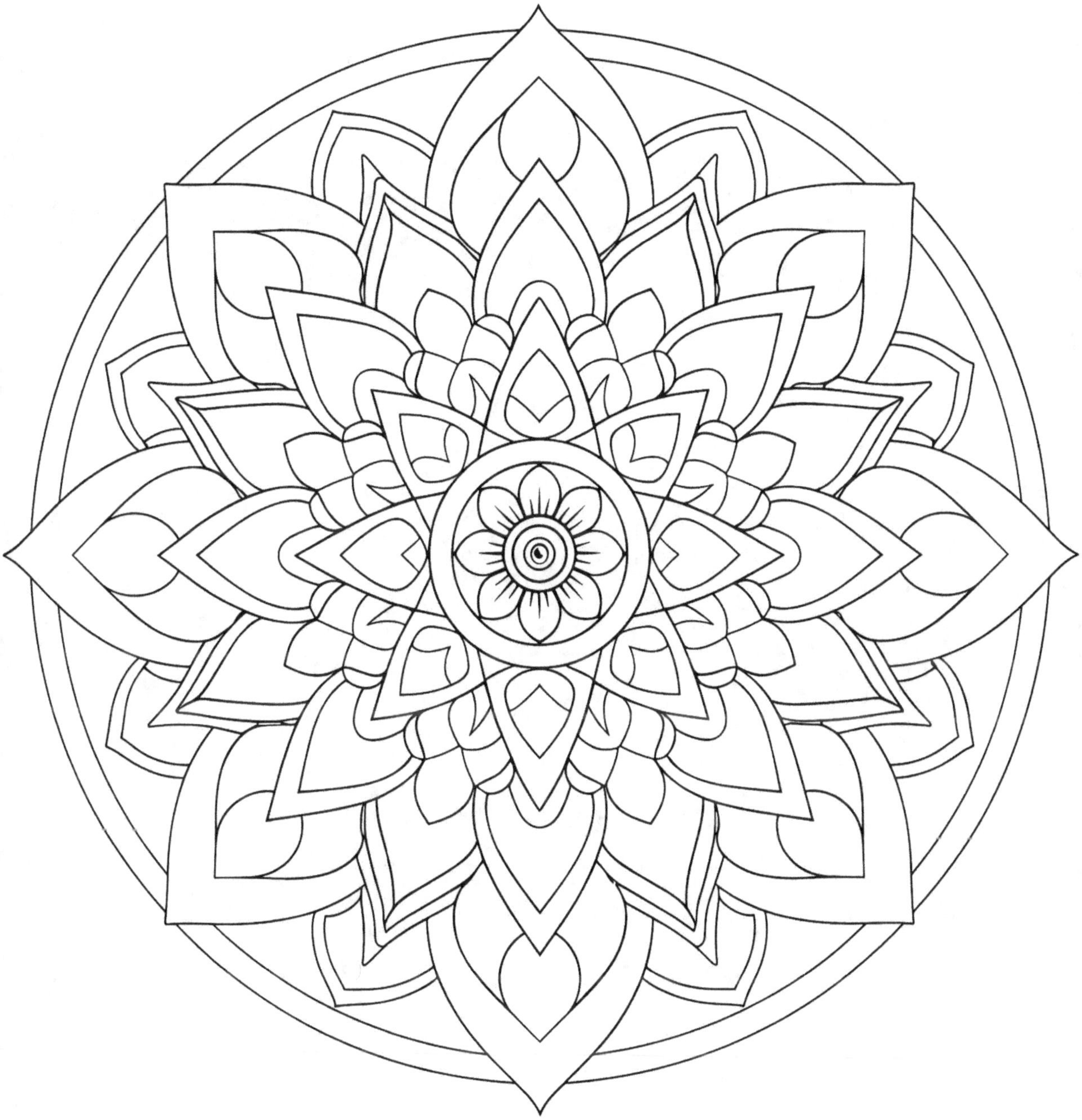

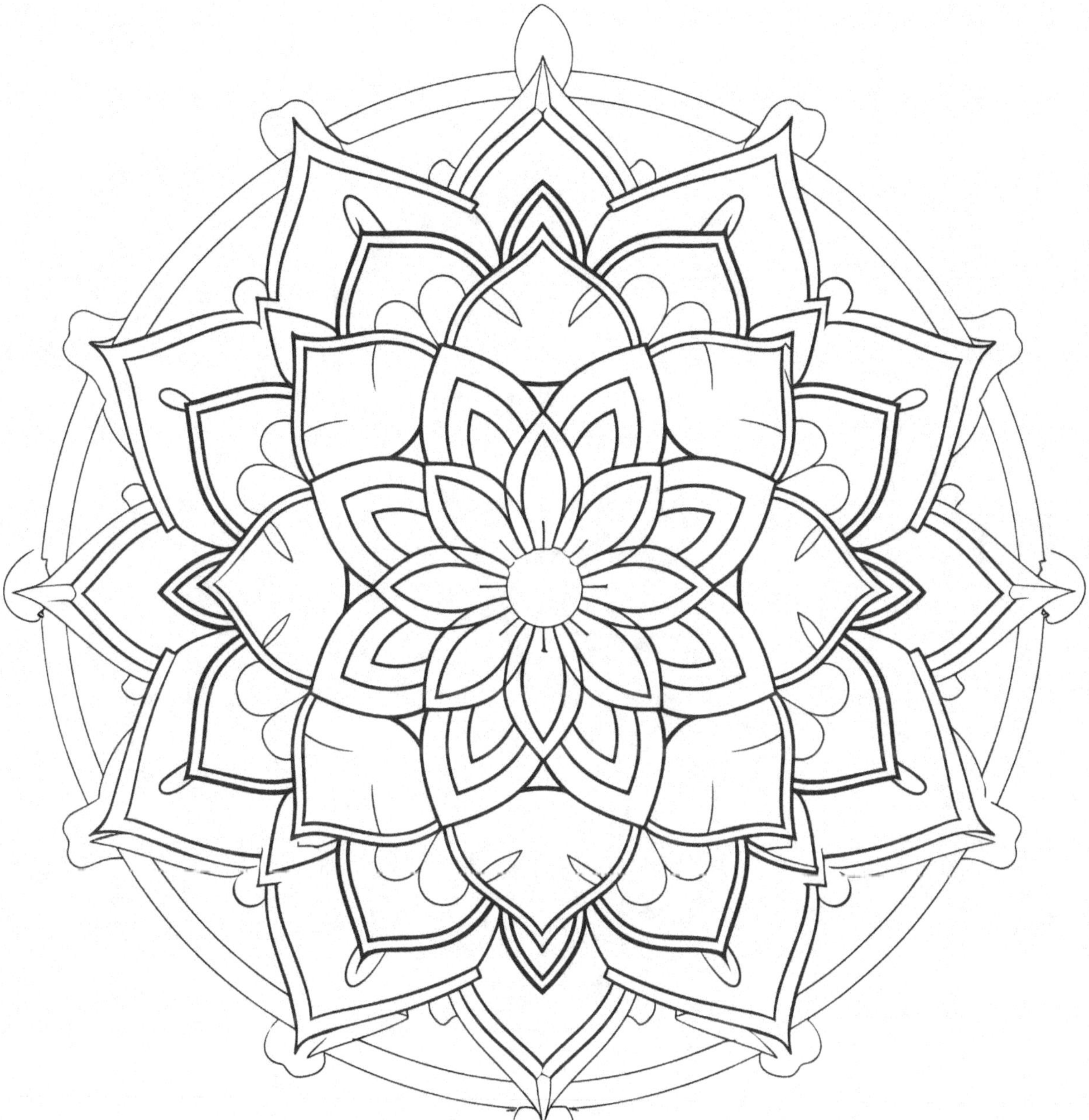

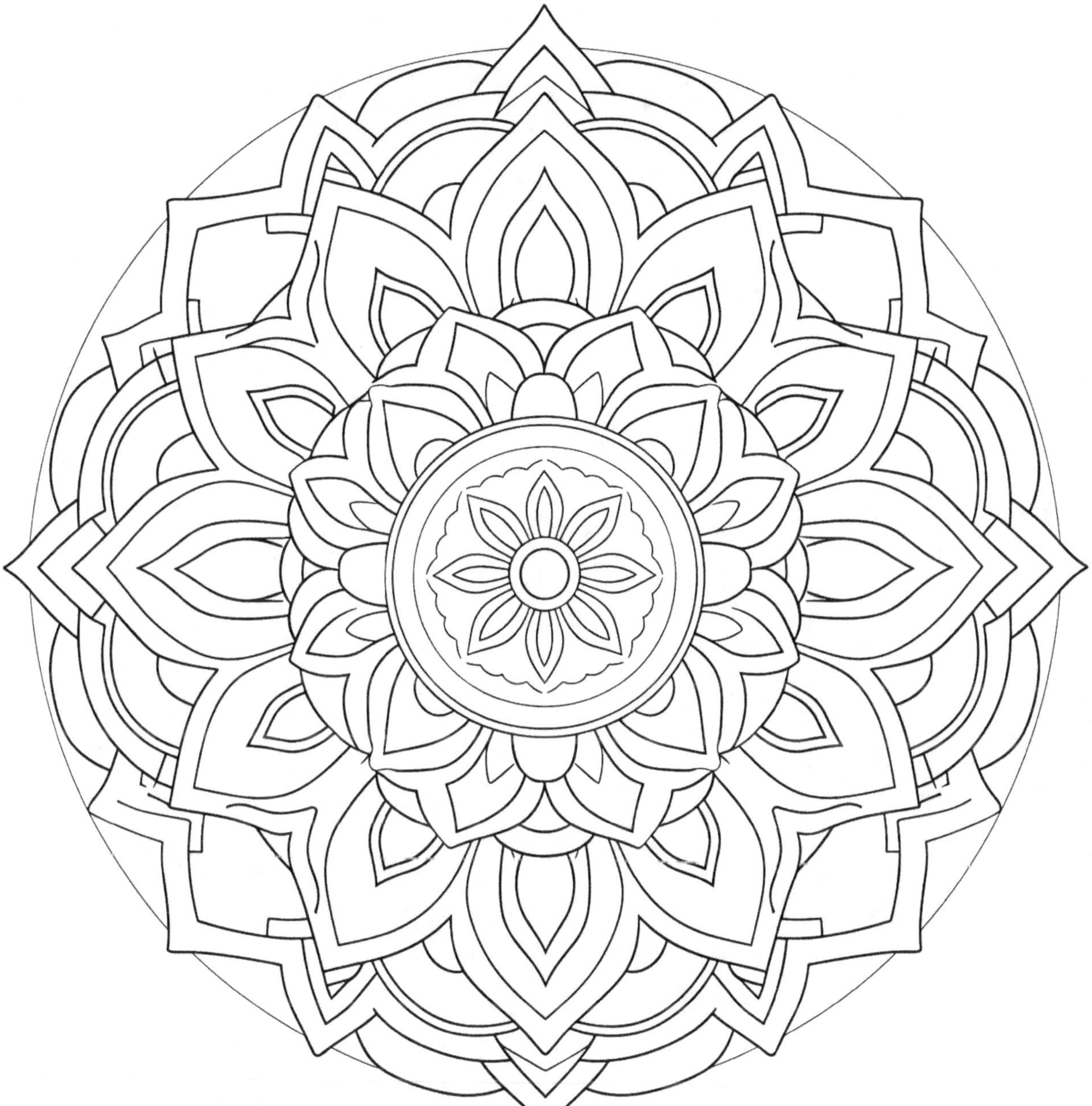

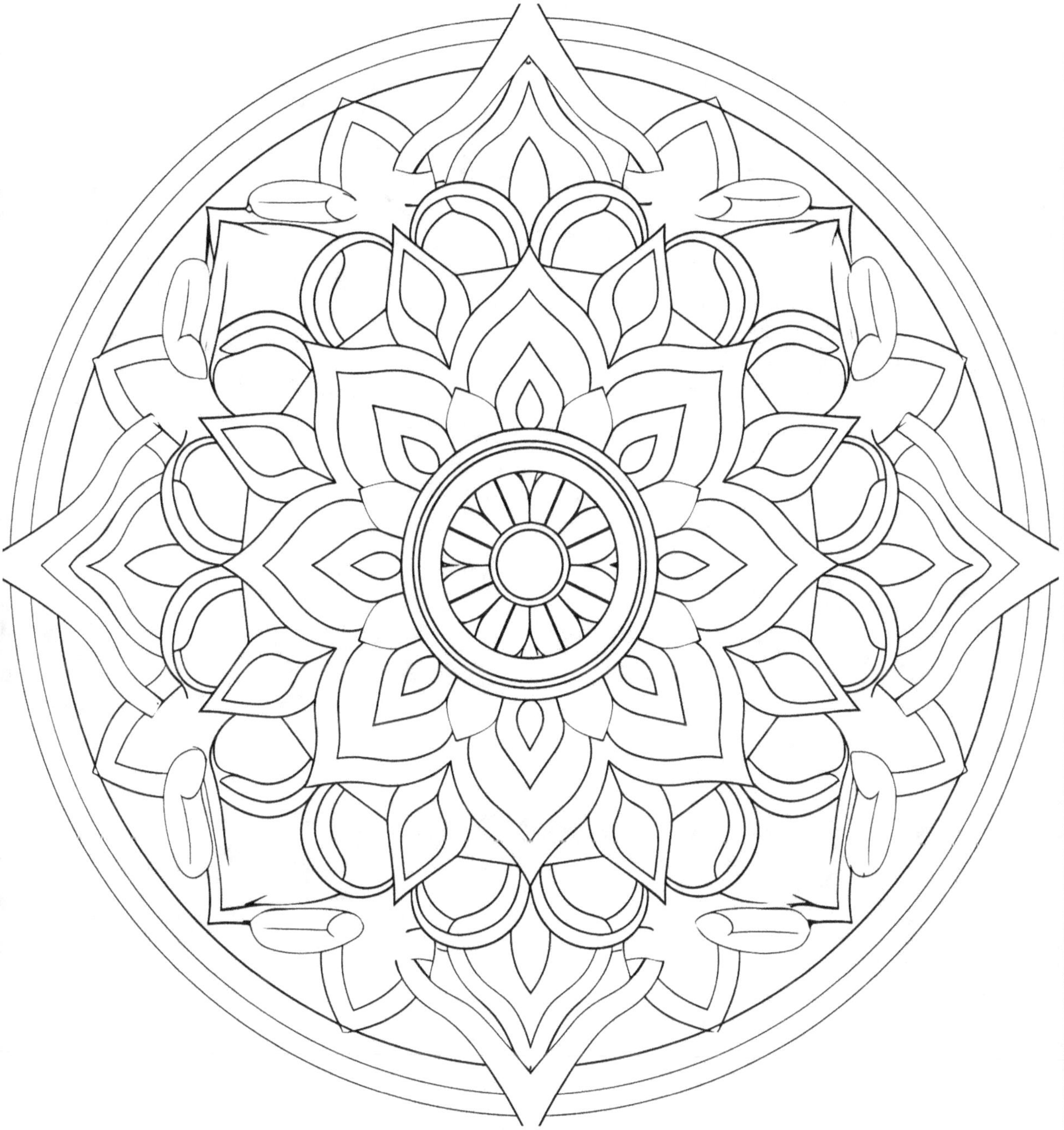

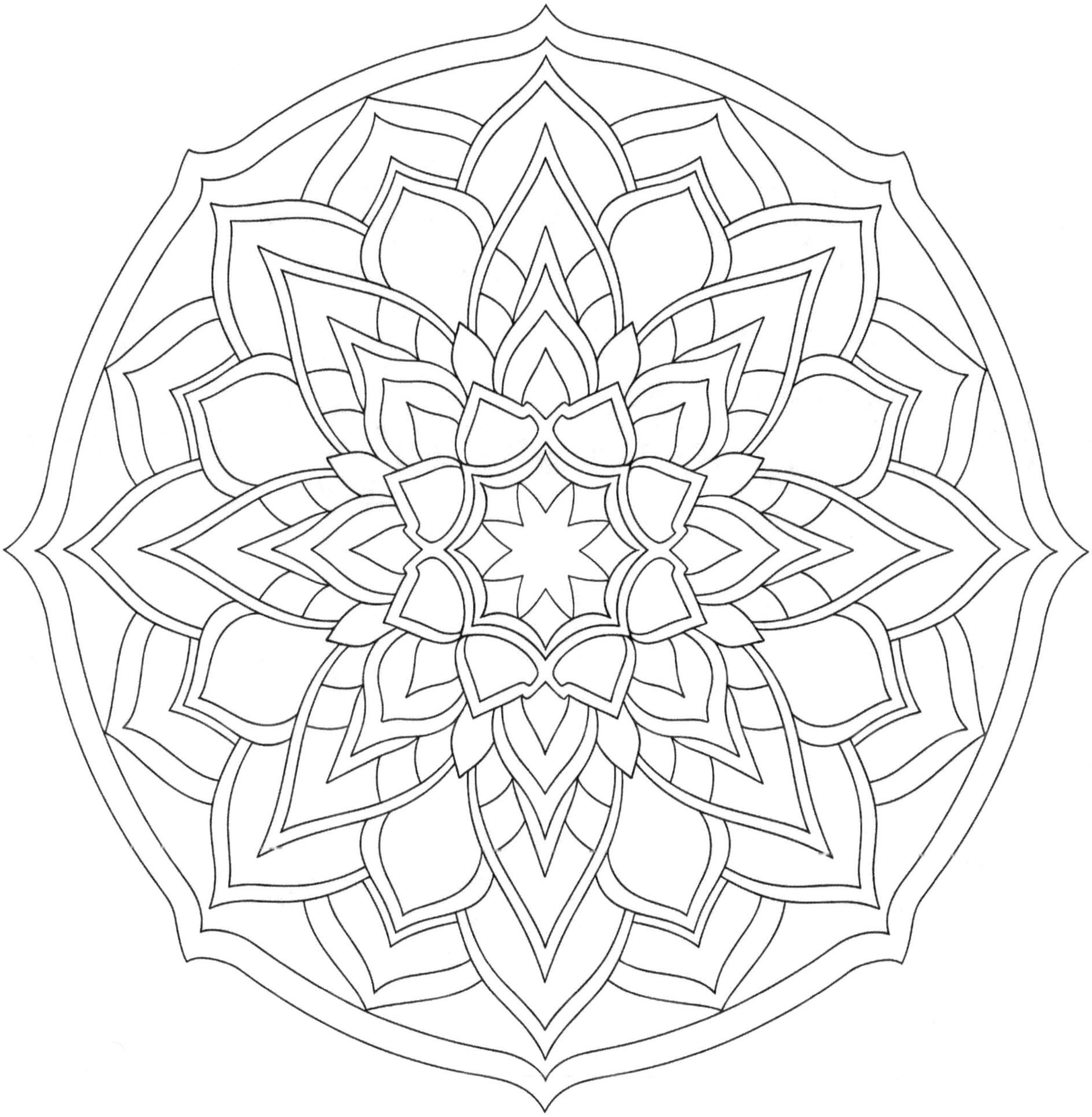

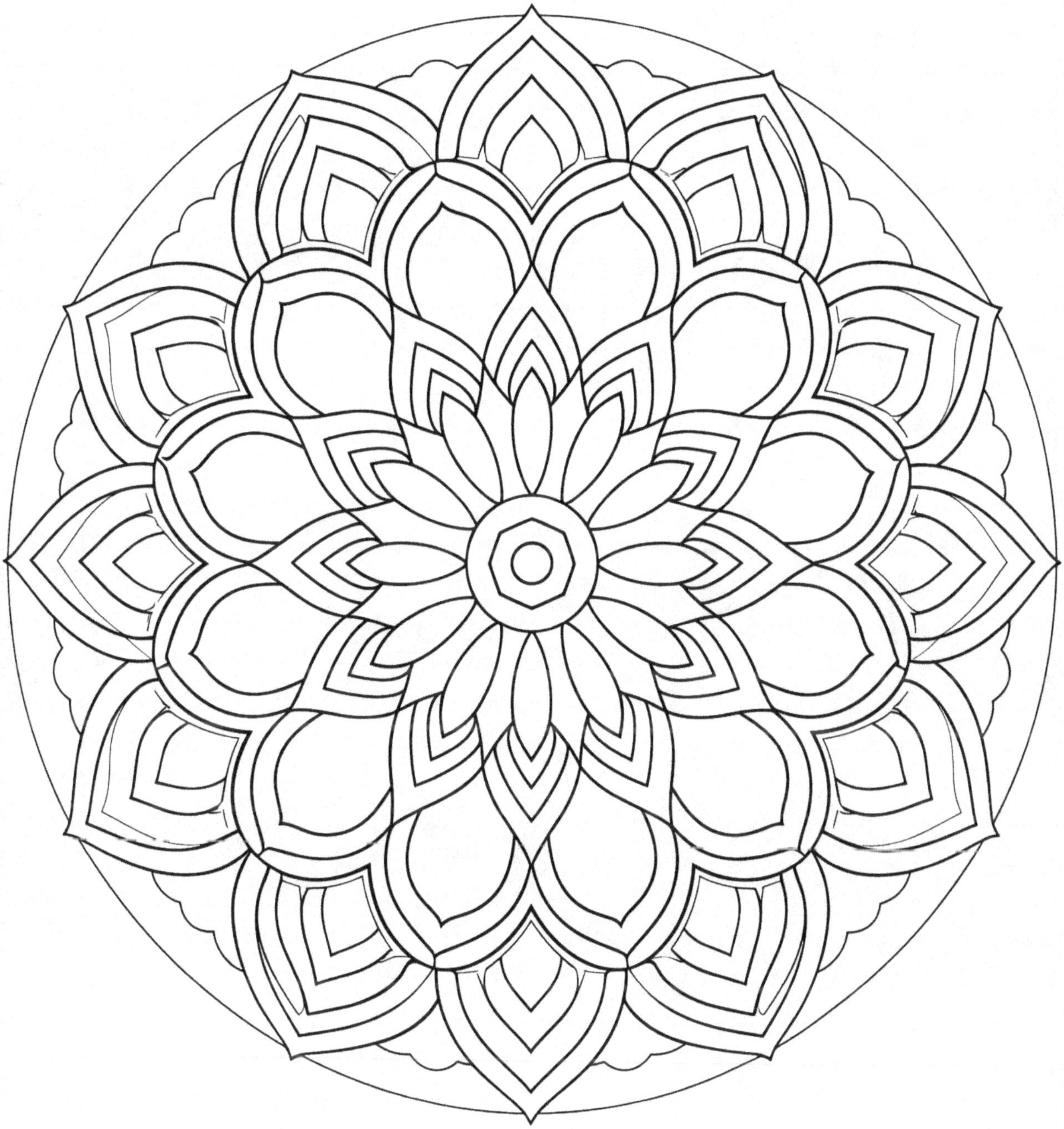

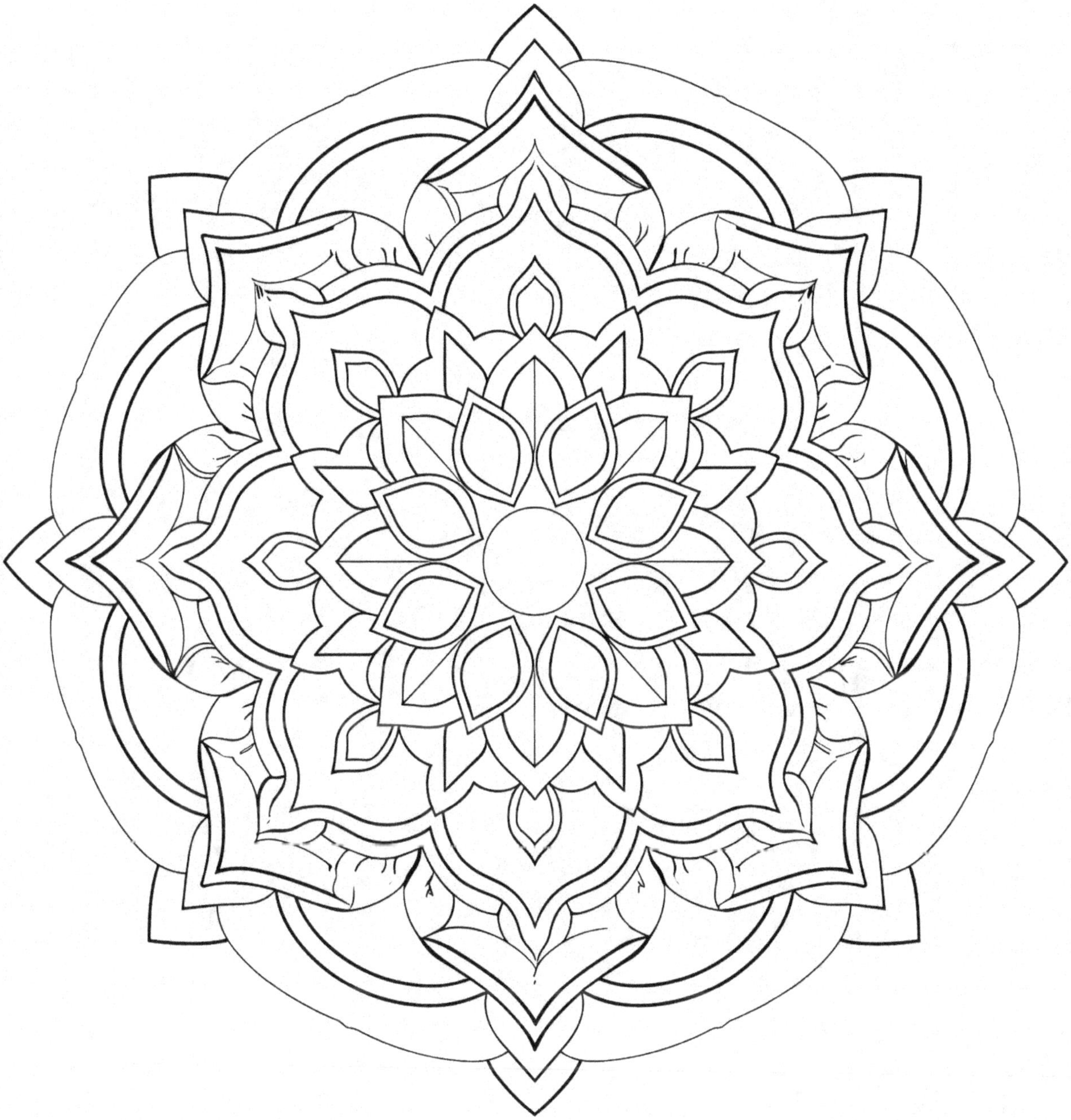

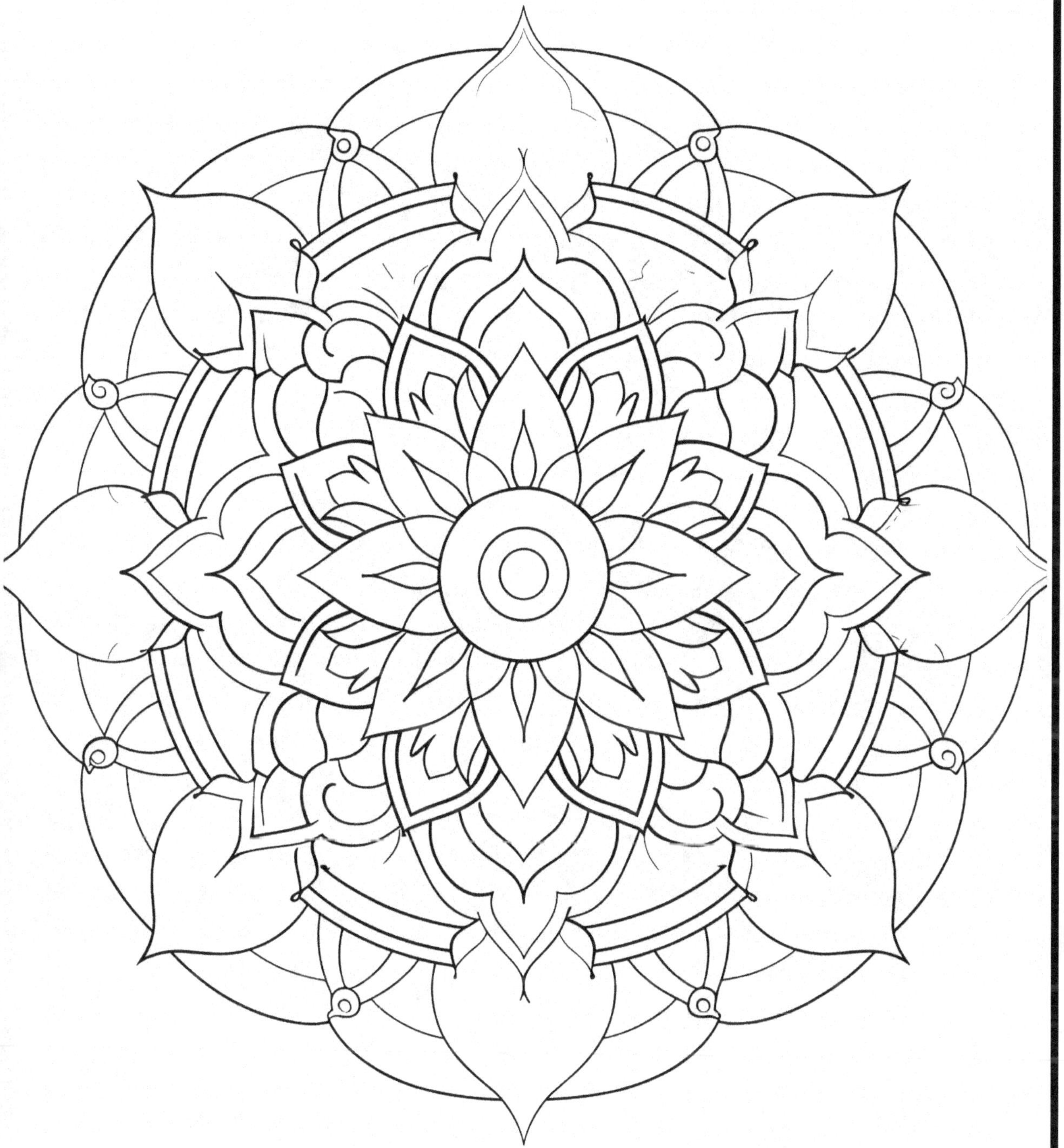

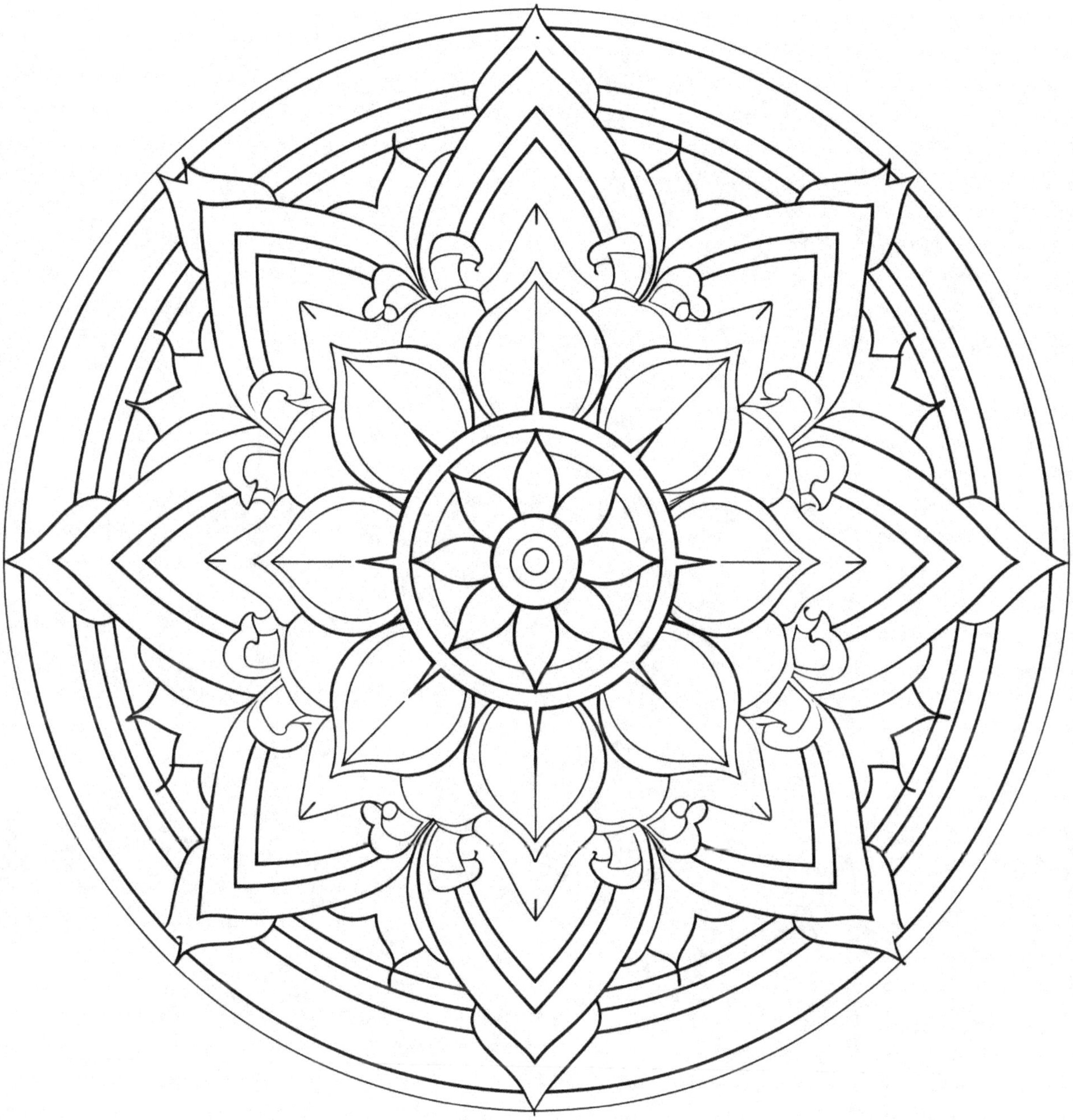

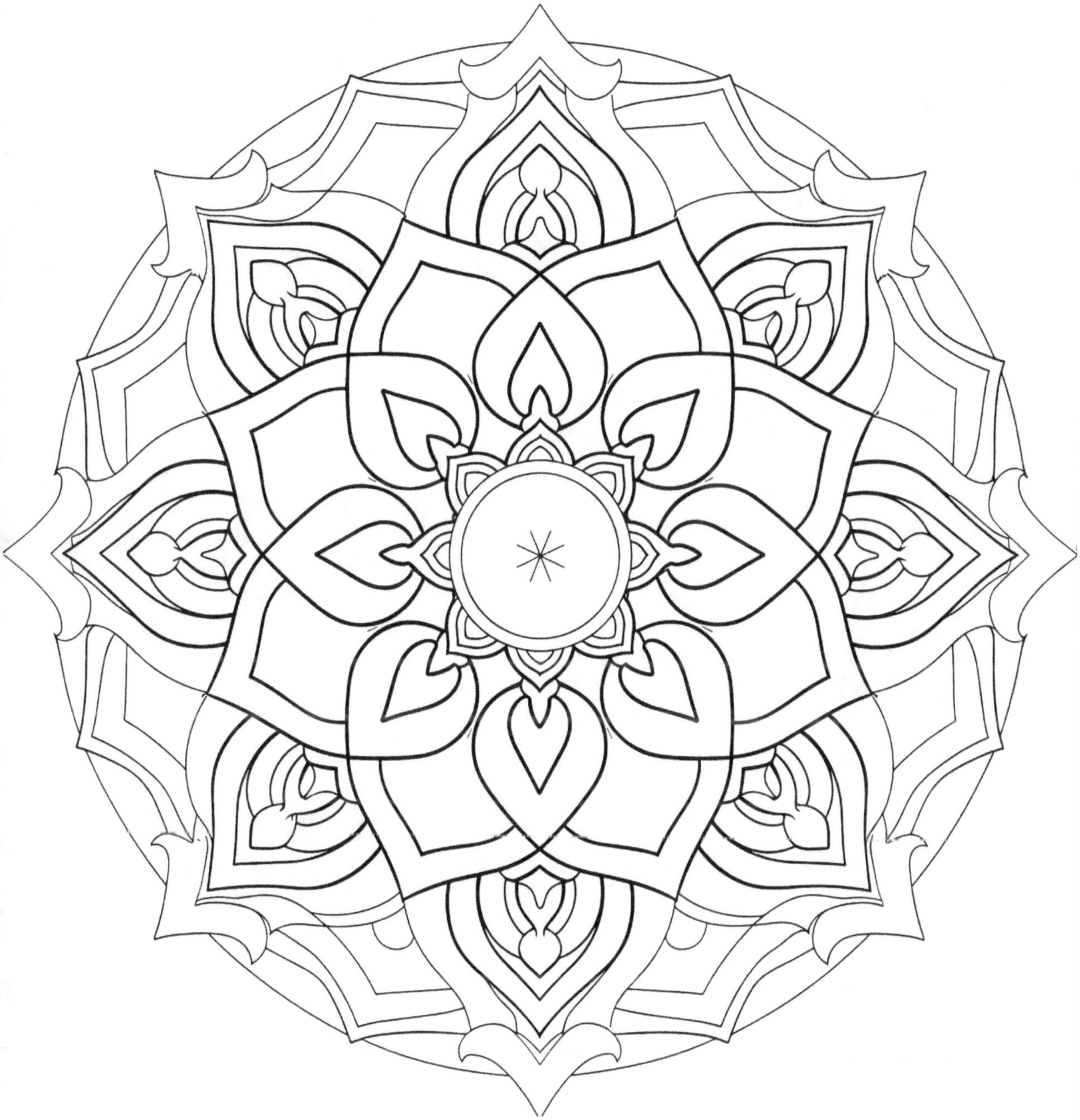

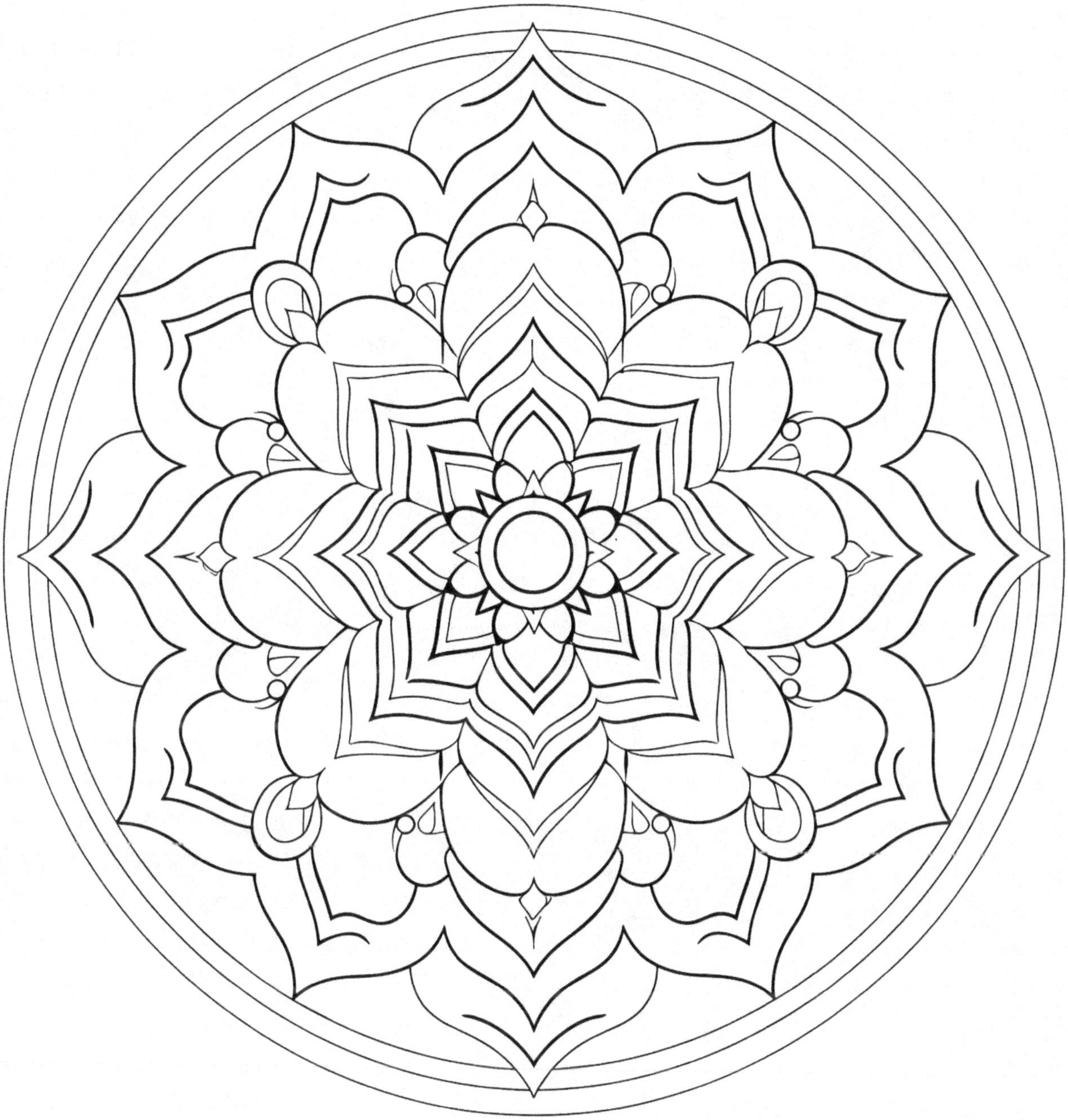

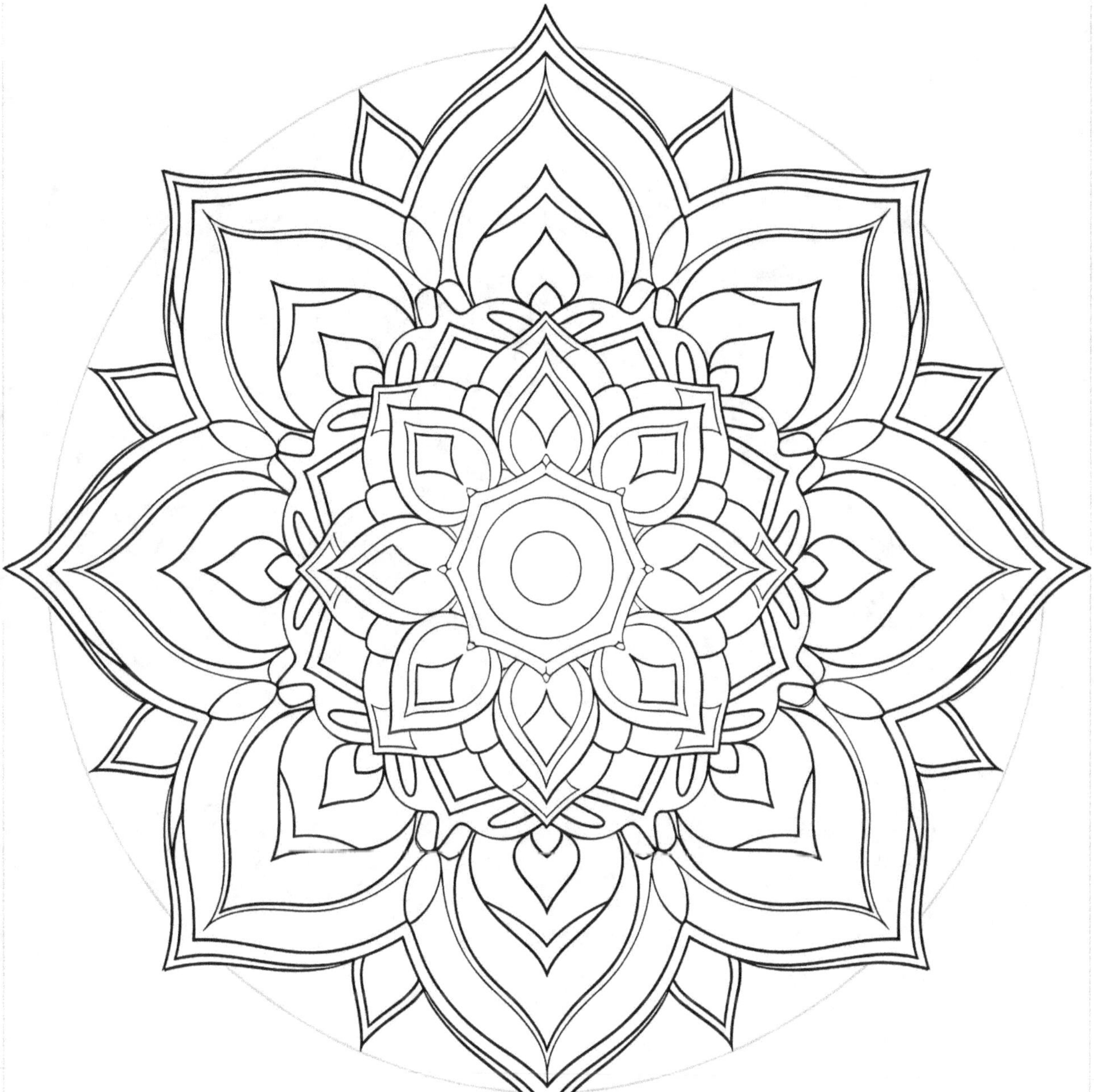

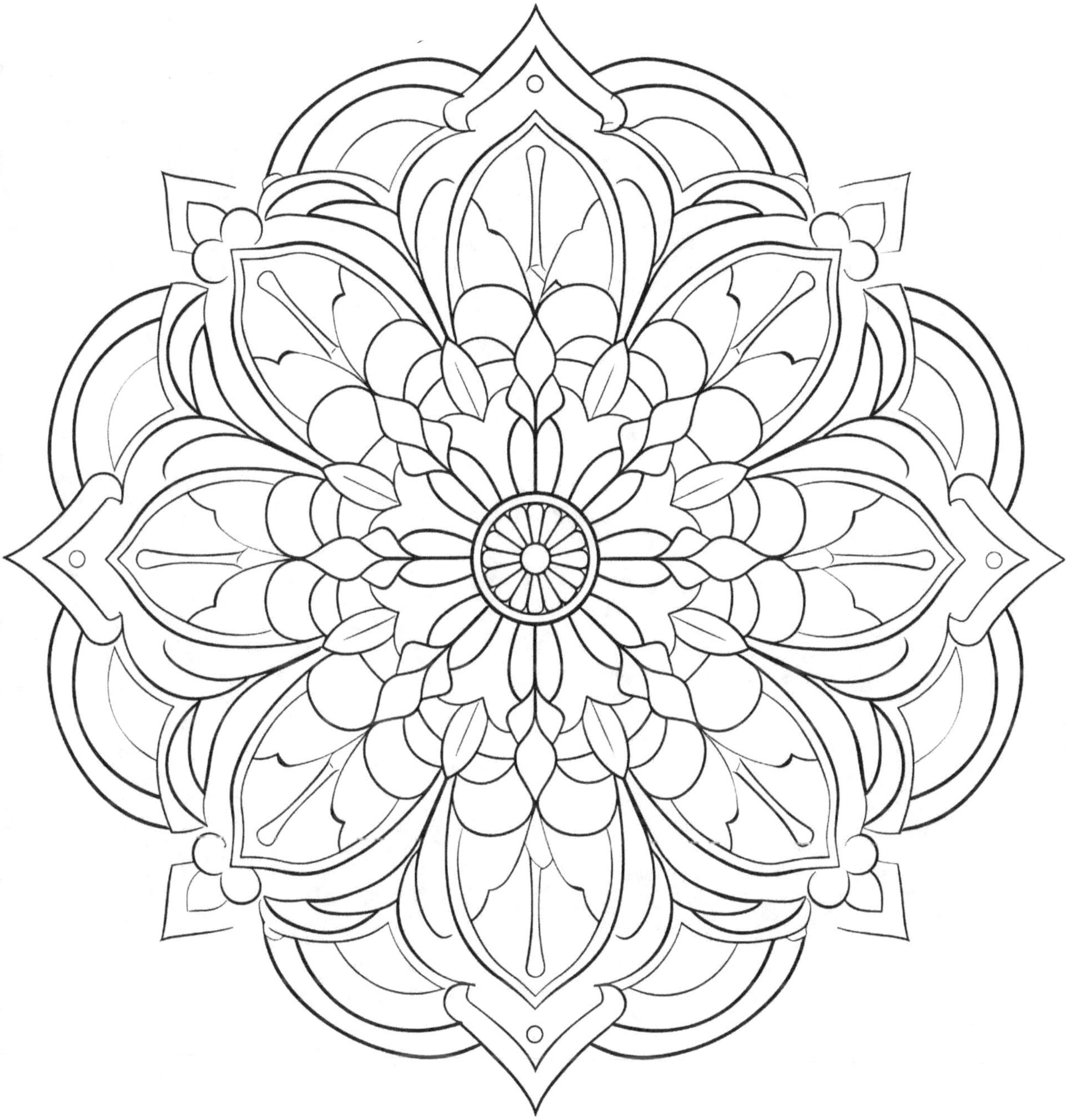

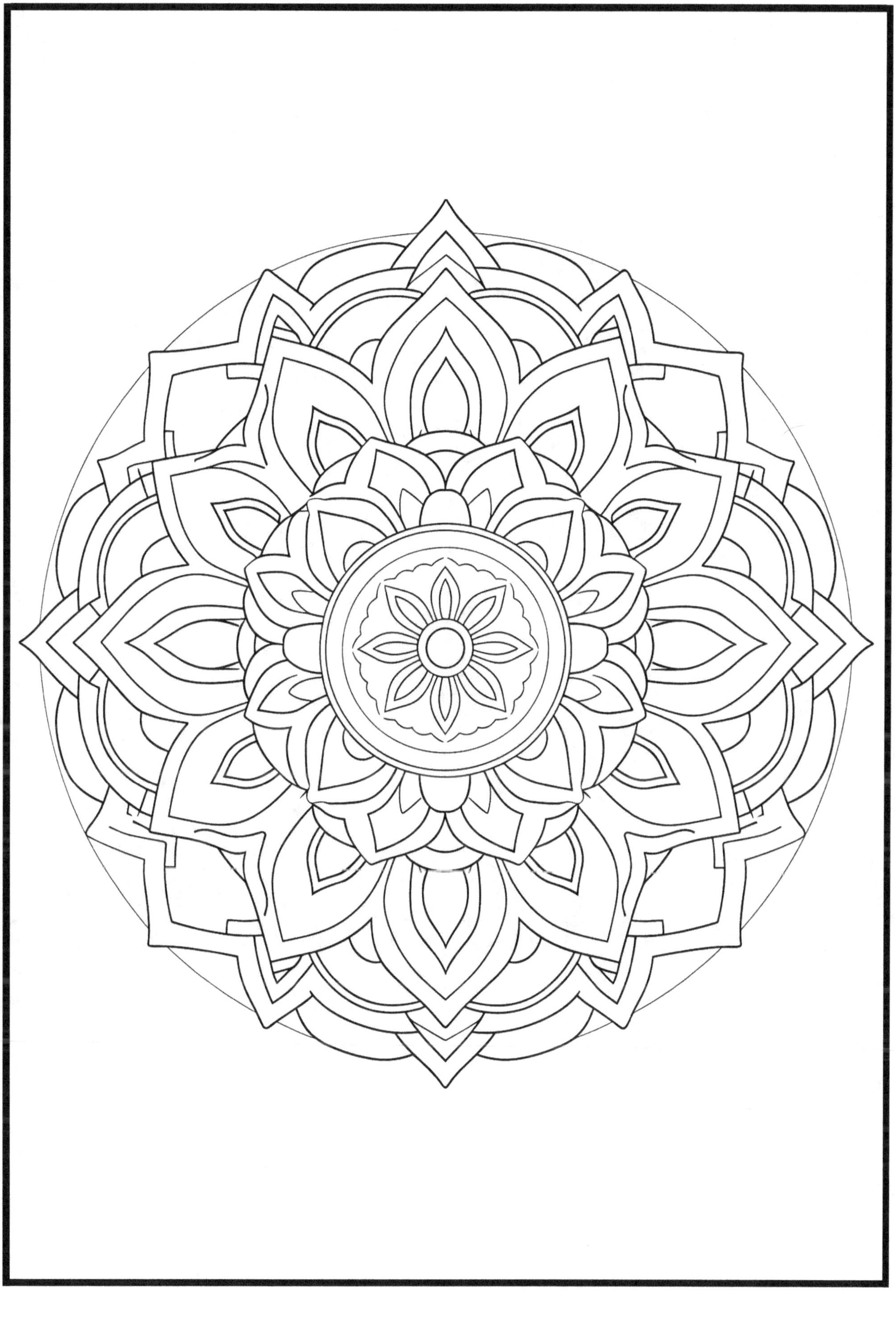

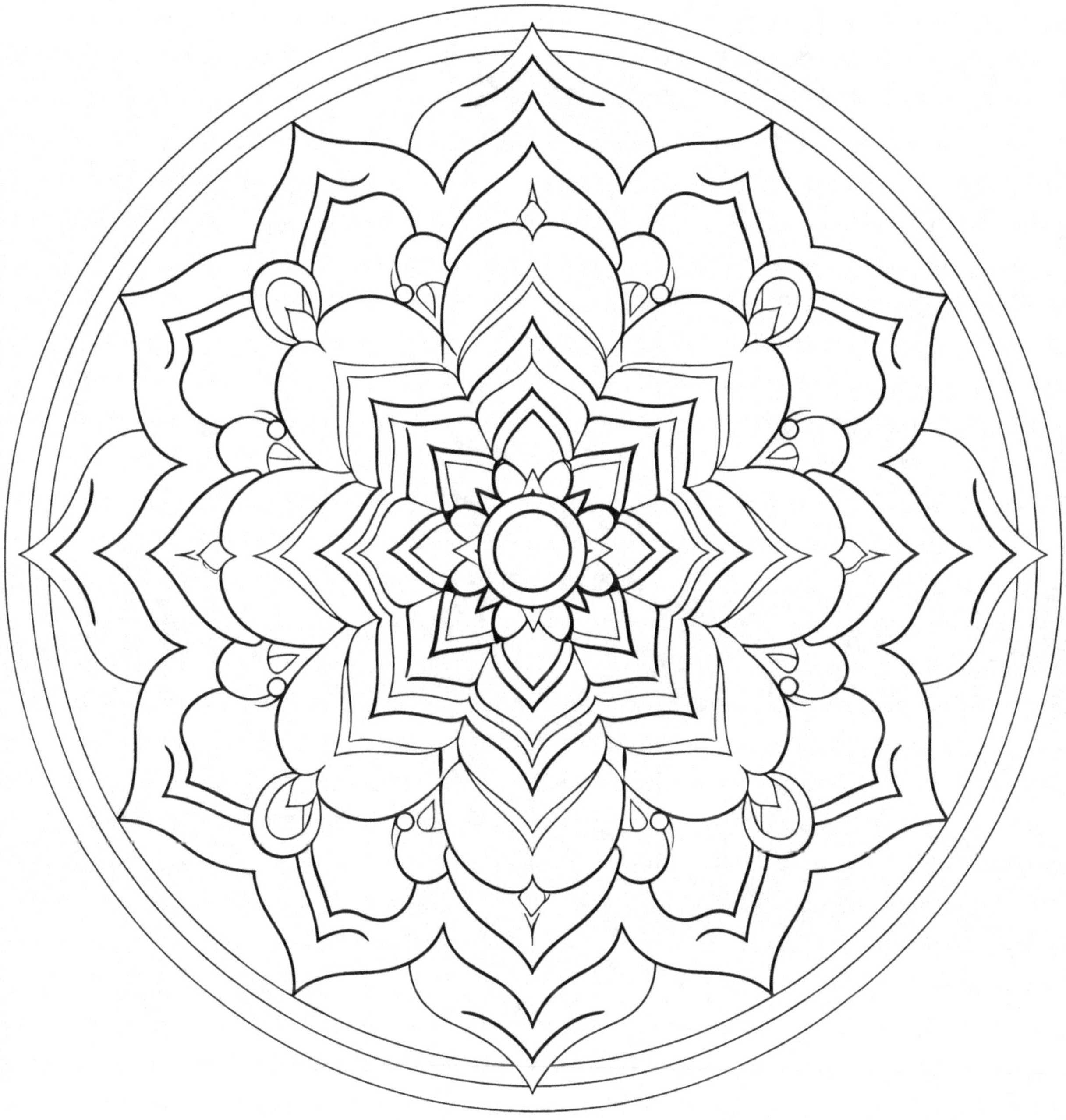

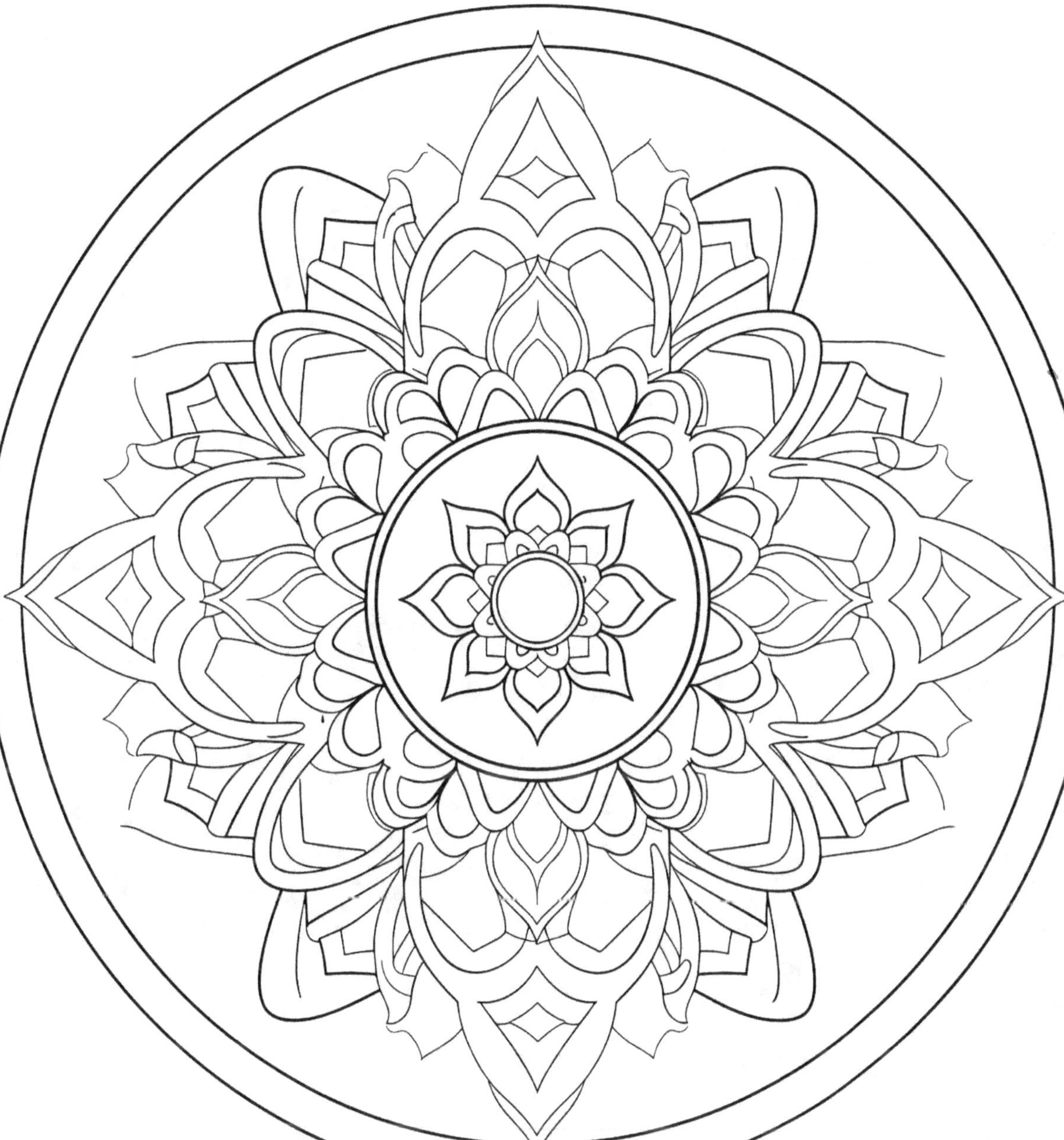

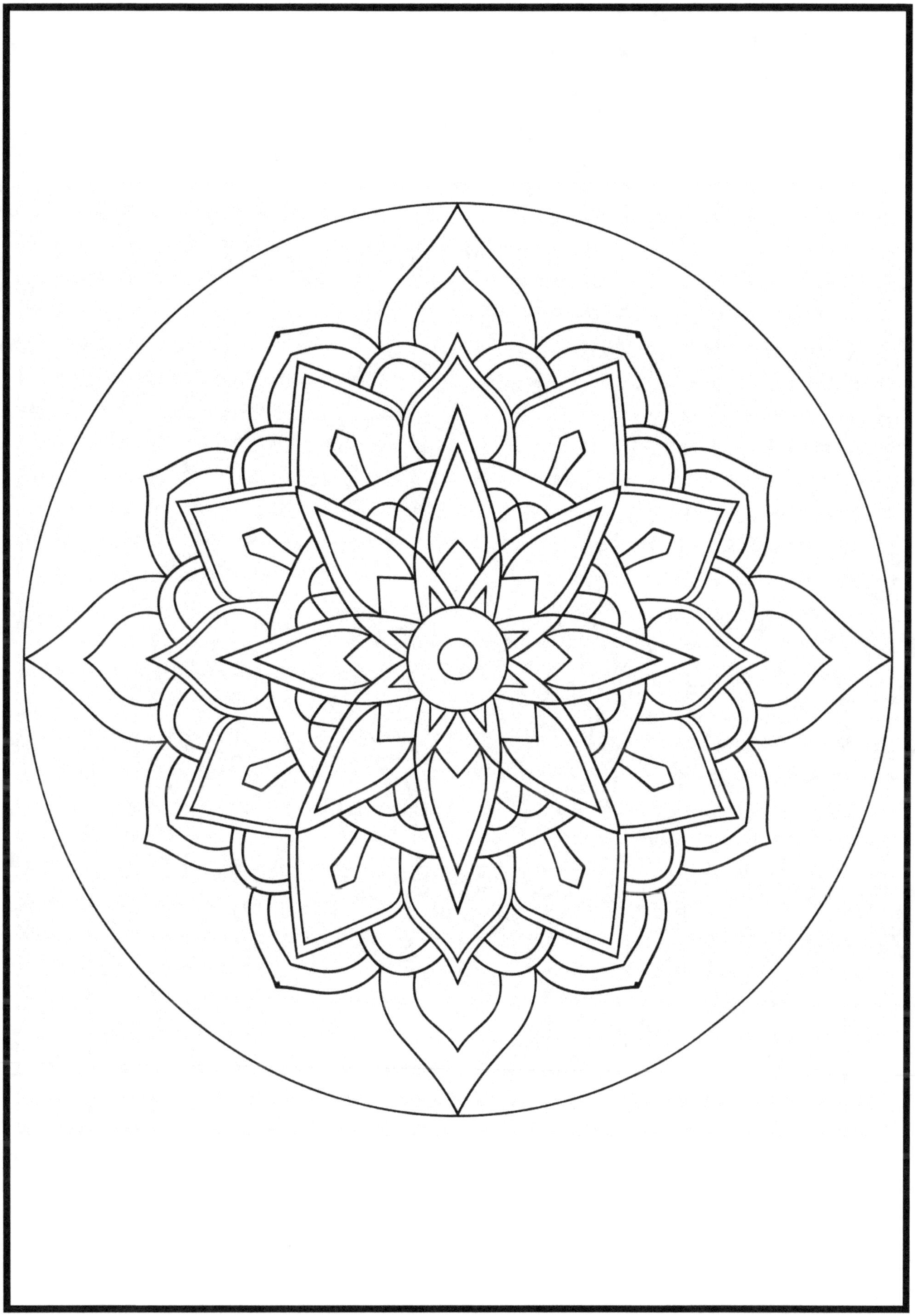

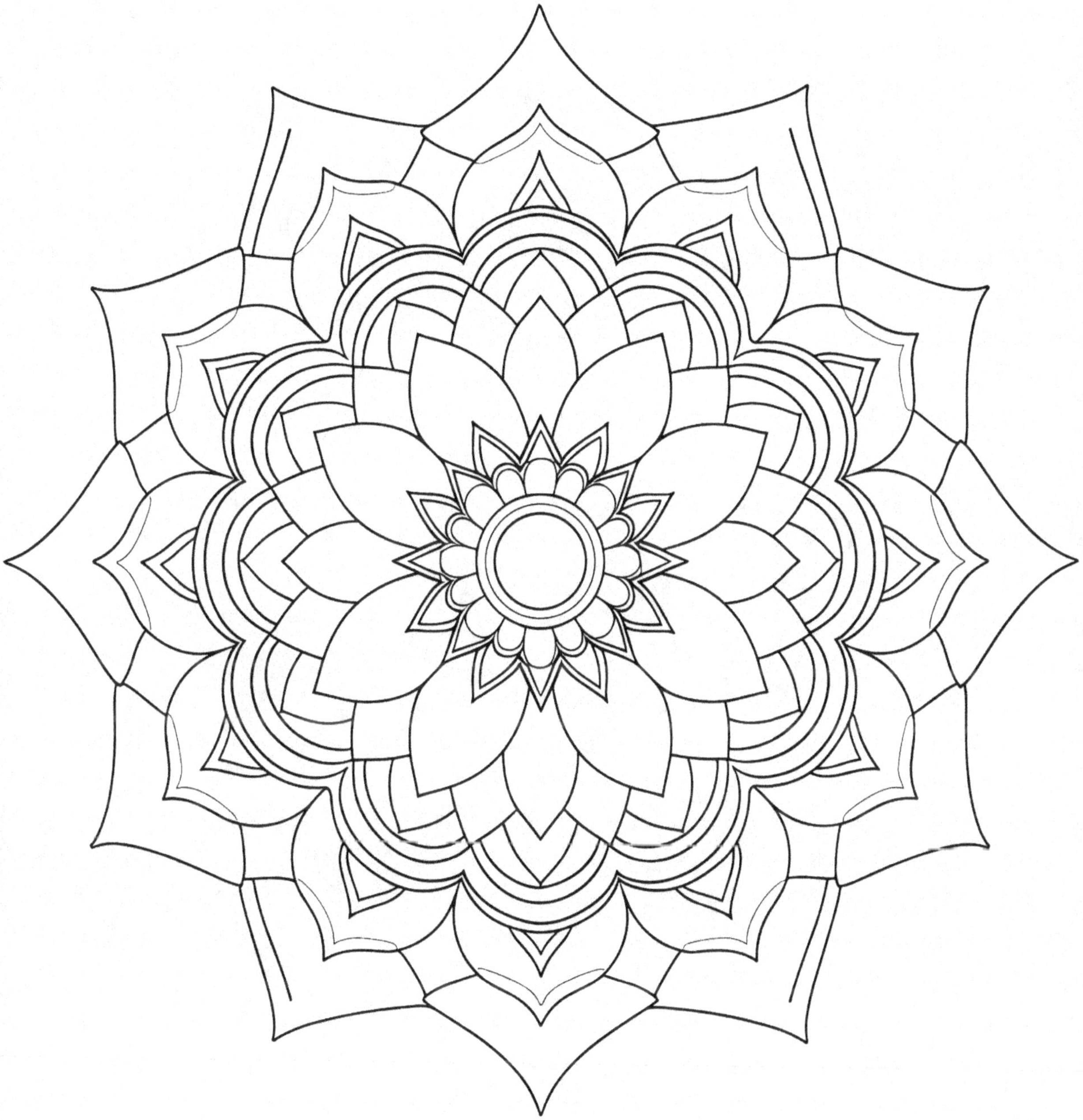

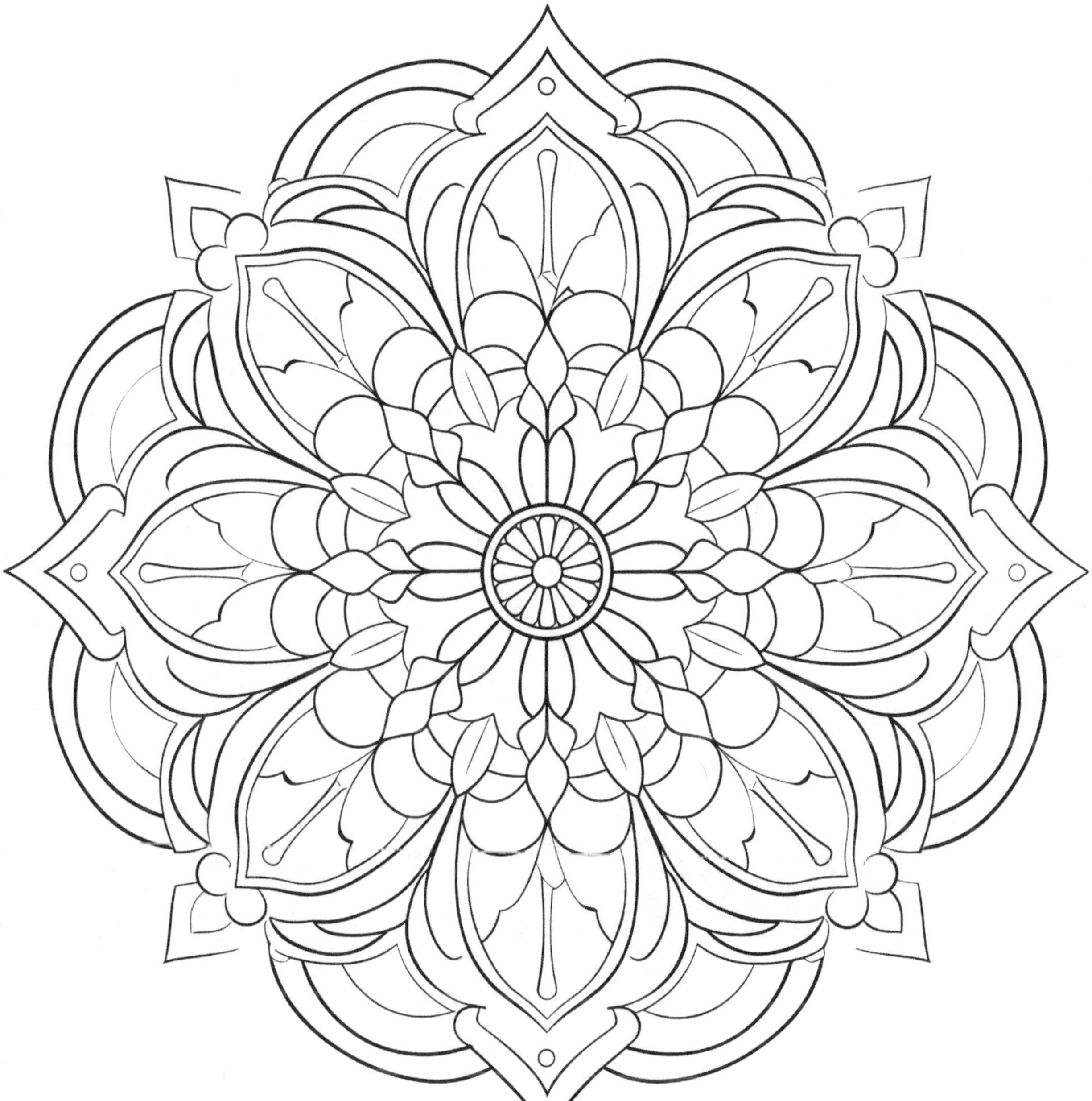

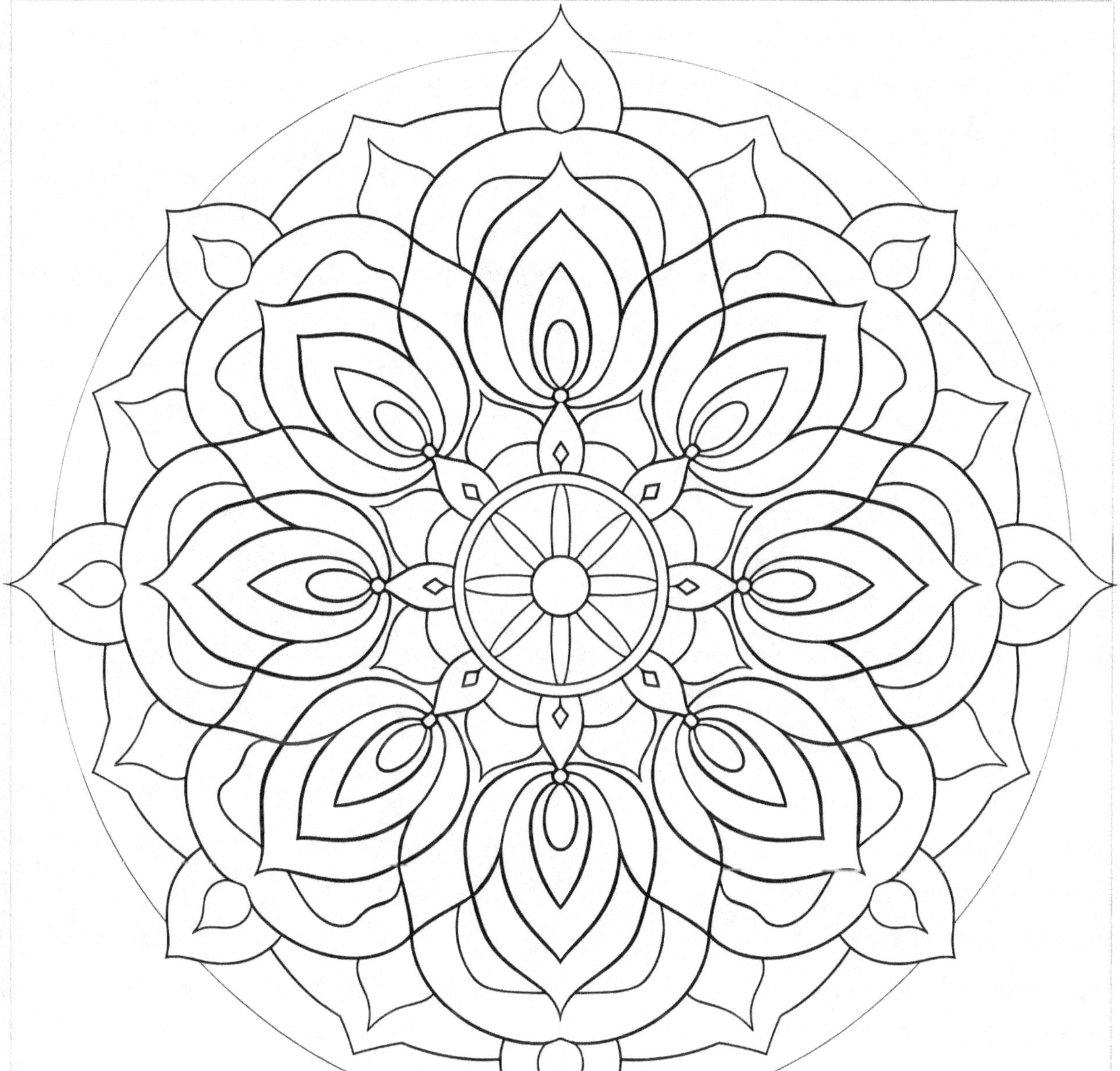

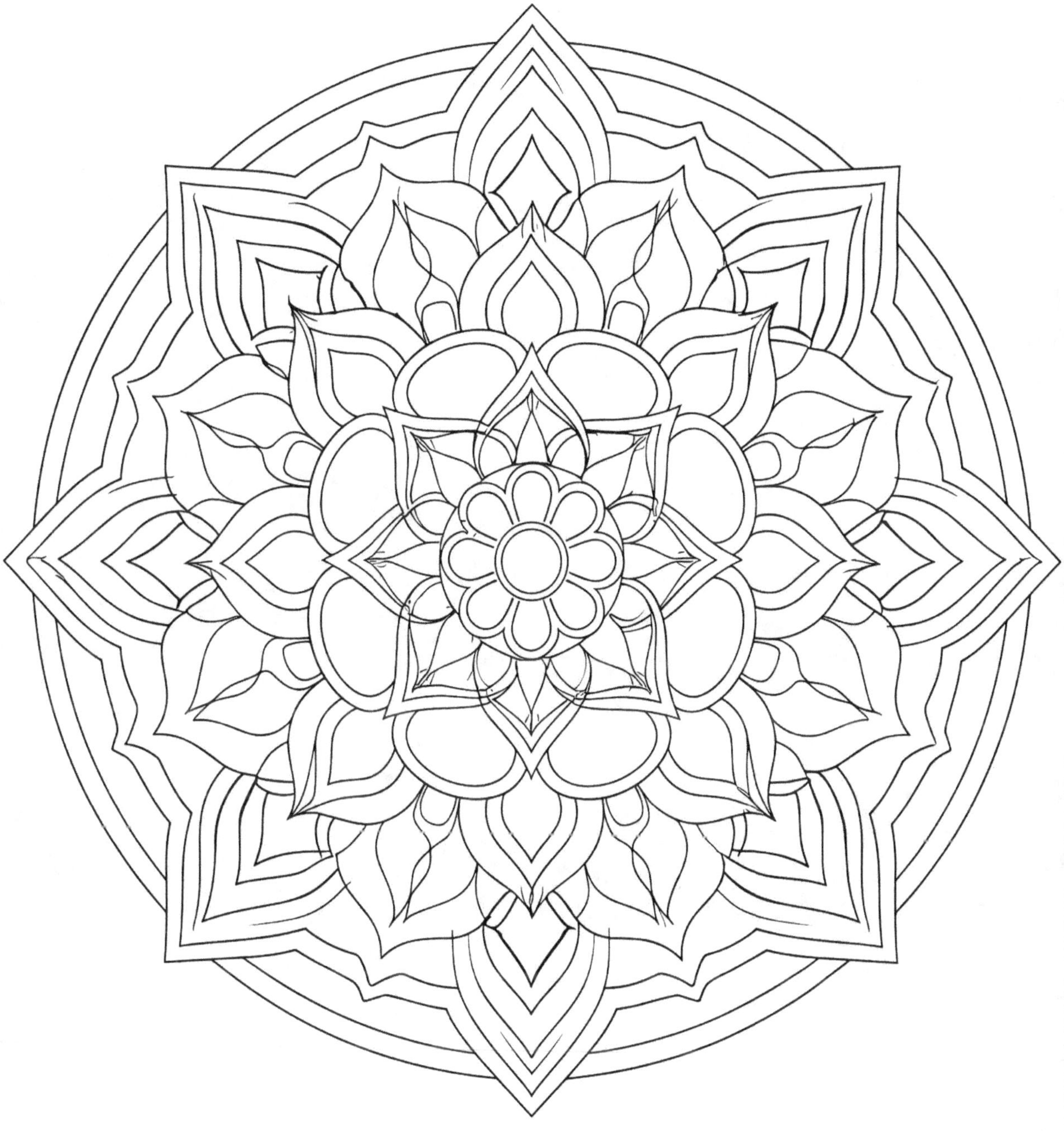

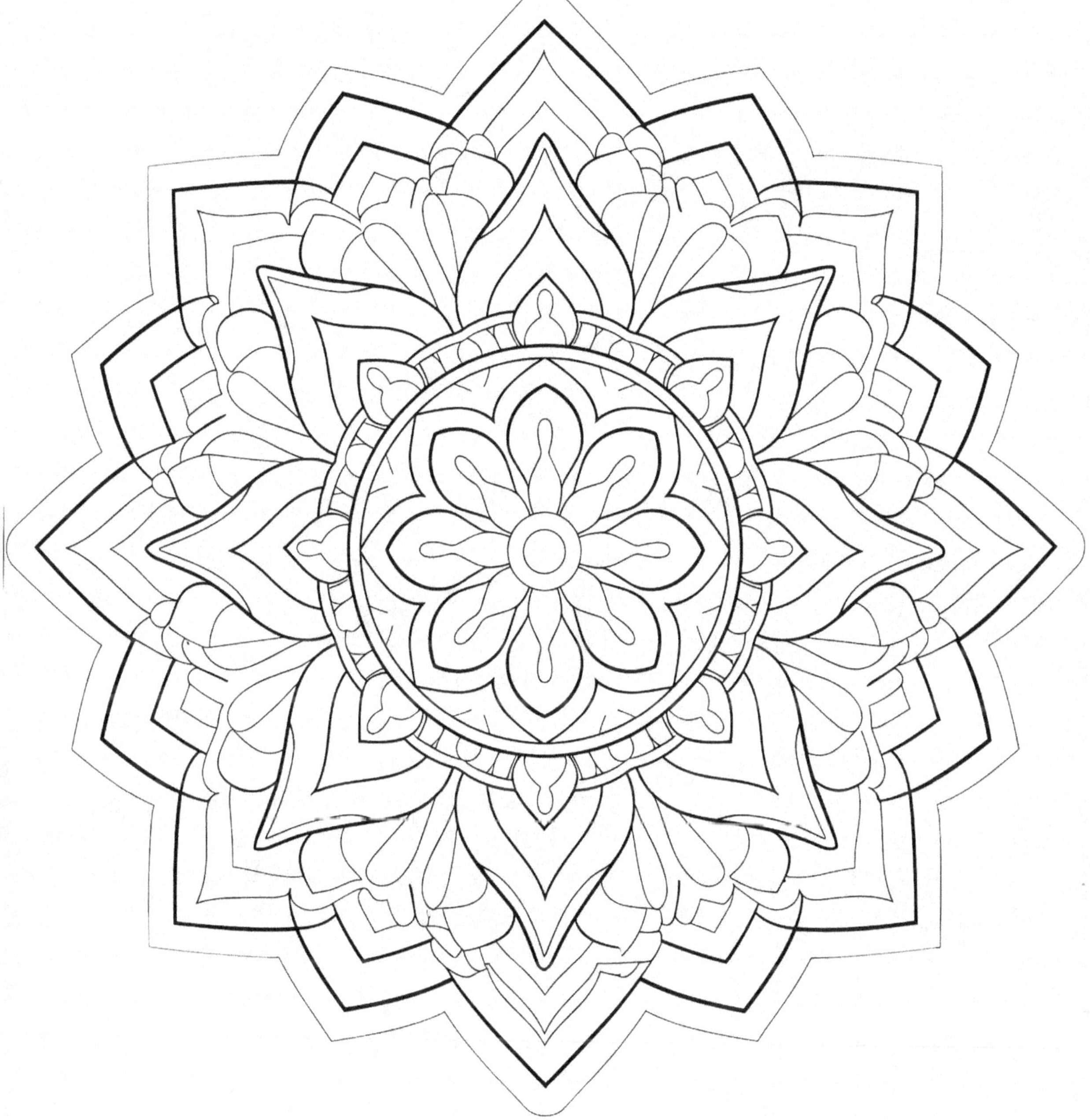

www.ingramcontent.com/pod-product-compliance
Lightning Source LLC
Chambersburg PA
CBHW082337220526
45470CB00008B/2549
* 9 7 9 8 3 2 6 7 0 6 5 1 5 *